―父、母、そして私―

北川敏子

文芸社

# 目次

## 私の章　もういいかい？　まあだだよ！……93

# まえがき

突然ですが、スコットランドのネス湖、世界中を騒がせた〝ネッシー〟の写真が、実はトリックだったと死の直前に告白した人。冥途へ持っていくにはあまりにも荷が重かったのか……。

私の場合、八十年の生涯の感謝をこの世に書き残さずには冥途へ行けないと、この本を刊行する。

母は二〇一四年、「敏ちゃん！」と私の名前をはっきり呼びながら九十七年の生涯を閉じた。父はその十六年前、病室で付き添う二人の娘を「オイ、オイ」とベッド際まで呼び付け息を引き取った。

私が死の直前声にする名前は、きっと「R」であろう。この「R」、九十六歳にして卓越した温かさで今も私を見守っている。

家庭とは「〝庭〟があってこそ！」と、尋常ではない器用さで父は大宮の自宅に〝兼六園〟を創った。

母も「負けちゃいられない」と、九十七歳まで歌舞伎だ、旅行だ、長唄・三味線だと、娘たちに楽しみを教えてくれた。今も四姉妹で三味線を一緒に弾いている。

その父母のど真ん中で、自由奔放に生きている私。それを見守ってくれている「R」。

この人生を書き残しておかずにいられれようか。

敏子

# 父の章

## この人が私の旦那です⁉

# 父への追想

母のベッドの後方にかかっている酒井《さかい》抱一《ほういつ》の絵、片足で佇む鷺と葦の葉の繊細さが薄く黒ずんだ小豆色の絹地の中で映える。その絵を引き立たせているのは、父が成した表装と額。額縁もかどを落としたかまぼこ形で、色は薄茶に塗られた木目の桐、その表装の配色に極意を感じる。

父の職業は表具師。プロなのだから当たり前の技術であろう。父にこんな話をしたら、「お前なんかに分かるか」と、叱られるだろう。

その絵、もちろん本物ではない。レプリカもレプリカ、父が、銀座の博報堂に勤めていた友人からもらったプリントだ。

父はよく呟いていた。印刷物は〝光る〟と。光を抑えないと、印刷物ということがすぐに分かってしまう。表装は、つまり中身を本物に見せるお化粧だと。引き立たせるセンスが父の技術だ。まやかし物を本物に見せたいのではない、それが父の本業ではない。ただ父はその技《わざ》を楽しんでいたのだ。私は、その父の取り組みが好きだった。

美術年鑑を見て、その画家の価値を知り抜いているから本物を味わう目があり、自分で楽しんで技術を駆使する。その作品は自分で楽しむもので、他人を意識したものではない。

私はとてもその額が気に入っていたが、落款が読めず、最近になり、それが尾形光琳の百年後に出た画家、酒井抱一だと知った。大名の家に生まれたが、庶民の浮世絵にも美を見出している偉大な画家である。

伊藤若冲においても然り。三百年前の若冲の裏彩色の手法をテレビで見て驚いた。私が子どもの頃、父が若冲の屏風を作っていて馴染みのある絵だったから知った名前。表具師の家に生まれながら、美術品に関心がなかったのでそれまで分からなかったのだ。思えばその頃、掛軸、屏風、額など、仕事場には材料、素材がいっぱいだった。お客様からの預かり物、高価なものには子どもが触れないよう、その扱いに神経を尖らせていた。仕事以外に父が楽しんで作ったものは沢山あった。若冲の六曲屏風を作る、絵の中の鶏の鶏冠《とさか》、羽の巧妙な手法。本物は皇居三の丸尚蔵館にあると聞くが、それと同じ絵を屏風にした。圧巻である。また父は歌舞伎カレンダー（縦一メートル／横三十五センチ）を作り、それを利用し楽しんでいたのだ。

私は、この屏風を湯島の家では出窓に飾り日除けにした。いくらレプリカでも実用品として使う屏風ではないと後に気づくが、父はそれを見ても何も文句を言わなかった。湯島にあるのとは図柄は別だが、品川の妹の家ではピアノの上に飾られていた父の屏風、若冲を知る人ぞ知る、美術に目のある人は話題にした。

六十歳を過ぎて知る若冲の名前や手法、父の屏風が私を目覚めさせてくれたのだ。本物を入手できなくても、本物を楽しむ父の心意気だ。

父喜一郎《きいちろう》が亡くなって十四年、父のことを考えない日はない。何かにつけ、父はすごかった、立派だったと、父の感性を知る。私がこんなことを書くと、父は嫌がり、恥ずかしがり、「やめろ！」と言うだろう。父の存命中、父の造った庭を友人に自慢すると、「敏《とし》、やめろ」と、私を制した。

小学校しか出ていない父、絵師になりたかったという。母親は息子が小学校の帰り道、建具を作る店によく立ち寄ることを知人から聞き知り（母親は髪結いをしていて常に留守、息子がどんな職業に興味があるか、知るすべがない。その頃の父は小学校が終わり家に帰ると、ちゃぶ台の上に置いてある五銭玉をポケットに、近所へ遊びに出かけたという）、その知人の紹介で厩橋《うまやばし》の経師《きょうじ》屋に奉公に出たのだ。
「絵描きになりたかったが、貧乏絵師では妻子は養えず、表具師になった」と、父からよく聞いた。父親（私の祖父）は、仏師であったということだ。母親の選択どおり、絵師より表具師が正解であった。器用さのDNAを引き継いでいると思う。

父が独身時代、まだ東京府と呼ばれていた。紙細工の作品を上野美術工芸品展に出品し、賞を取ったという。自慢でなく耳にした話だ。その裏づけを仏様の中の掛軸に見る。十センチほどの阿弥陀様の掛軸、小さな仏殿の中の掛軸、その作業の緻密さ繊細さ、その技術、朝夕お参りするたびに感じ入る。

吉田松陰を尊敬していた父は、萩にある松下村塾へ私を連れて行った。新渡戸稲造、高橋是清の話もよく聞いた。広島の原爆記念館にも連れて行ってくれた。子どものうちに大切な事をいっぱい教えてくれた。

父は、私たち子どもが学校時代、用務員さんと間違えられるほど学校に出入りし、担任の先生の手伝いをした。子どもが就職すればその上司を訪ね、結婚すれば相手の家族を頻繁に訪ね、近所の人たちとの付き合いもかなりあった。仕事先からお風呂の焚き付けをもらい、三組町会をつくる尽力もした。

本を読むにつけ、テレビを母と楽しむにつけ、いろいろな日常生活が父を思い出させる。

## 父の生い立ち

父喜一郎《きいちろう》の父親、つまり私の祖父の名前は信《のぶ》といった。出身地は福井県大野郡と聞く。姓は福岡であったが、養子に来て北川信となる。東京・湯島で髪結いをしていた北川つがの元に、信は婿に入ったのである。その信おじいさんは、仏師だったらしい。器用な人だったのだろう。だが、父が三歳の時、亡くなっている。

湯島天神の通り、三組坂《みくみざか》の上の右角から二軒目の家で生まれた父、今は八百屋さんになっている。

（父さん、ここで生まれたのか……）

と、その八百屋さんの前を通るたび、考える。

わずか三歳で父親に死なれた父喜一郎、自分の祖先のことを知るすべがない。

母親のつがさんは、もっと息子に父親の話をすべきだったと思う。

三歳の喜一郎にとって自分の父親の記憶は、座棺に入った父親を、隣の酒屋のおじさんに背負われて見送ったことだけだという。その祥月命日は三月二十七日、毎年必ずお墓参りをしていた。

その信さんの父親、つまり私のひいおじいさんは時計商人で、当時アメリカへ行ったと聞いた。父から知る唯一の先祖についての話である。

父には〝清《きよ》〟という姉がいる。髪結いのつがおばあちゃんは、夫亡き後、二人の子どもを育ててきた。

父は、奉公に出された後、自分の母親に、平岡というお坊さんの出入りがあったのを、子どもながらに知っていたらしい。だが、それ以上の事は何も分からない。檀家の講元とも繋がり、仏壇の中には宗派の本が沢山あった。

つがさんは再婚もせず、女手一つで二人の子どもを髪結いの腕で育てたしっかり者。その母親を、父喜一郎は尊敬していたと思う。

また、姉の清さんは、新花小町といわれるほど美人だったらしい。町名が新花町《しんはなちょう》、今は湯島に変わったが、とにかく美人だった。そして、東京女子師範学校附属高等女学校を出ている。

姉と私は小学校の時、つがおばあちゃんに髷《まげ》を結ってもらったことがあった。私が小学六年生、姉が中学二年生のお正月だった。上野松坂屋の写真館で髷の連続写真を沢山撮った。姉と二人、黄八丈の着物（町人が娘時代に着る普段着。父は娘に着せたかったのだろう）を着て撮った。二人とも日本髪がよく似合って、嬉しい記念写真。名人といわれた髪結いの祖母の生きた作品、よい記念となった。

そしてその年、昭和二十九年（一九五一年）六月六日、祖母は六十九歳で亡くなった。

私たちが覚えているつがおばあちゃんは、田中畳店（通りを隔てたすぐ前にあり、その家は父の姉・清さんの嫁ぎ先）に住み、私たちが遊びに行くと必ず戸棚から南部せんべいを出してくれた。それが嬉しかった記憶がある。

つがおばあちゃんは、胃がんだったのだろう。一年近く寝込んだ。器用な父は自分で木製の便器を作り、夜中時々おばあちゃんの介護に出かけたりしていた。私たちの日本髪は祖母の最後の作品である。

母房江が、父のところへ嫁いだ時、祖母（つが）と一緒に住んだのであるが、「喜一郎の言う事はいちいち気にするな」と、庇ってくれたという。良いお姑さんだったらしい。

それにしても、母親が息子の気難しさを嫁に言うのだから、父の気難しさは相当だったに違いない。

## 戦禍をくぐって

そのつがおばあちゃんは、三月十日の東京大空襲で湯島が焼けた時、位牌だけを風呂敷に包み、三歳の私を乳母車に乗せ、戦火を逃れたという。私は、おばあちゃんに助けられたのである。

一方、私たちと別れて防空壕で一夜を明かした父は、「北川つが、北川つが！」と叫んで捜し回り、翌日明神下で、私を乗せた乳母車を押すつがを見つけたのだ。甲種合格で海軍横須賀中隊に召集されていた父は、その年の十二月、天神様の命日二十五日にすでに兵隊から帰された。母は後ろに立つ父を見た時、〝お化け〟だと思ったと言う。

大空襲の時は、母房江が一歳の長男を背負い、父が五歳の長女の手を引き、蔵前通りの防空壕に逃げたという。「もう、入れないよ〜」というその防空壕に妻と長女を無理やり押し込み、自分はその天板の蓋となり助かったのである。父の両足には大きなケロイドがあり、その足を覆っていたゲートルや、長男を覆っていた焼け焦げたカーキ色の毛布の記憶がはっきりとある。父は、その惨禍を忘れまいと残していたのだ。

防空壕のあった蔵前通り、防空壕の前の通りには、五、六階建ての日本交通の大きなビルがあり、そのビルの前に並ぶ木炭車が何台もボーボーと火を噴いていたという。

家族は着のみ着のままで逃げた。

丸焼けになってしまった家、疎開する家、我が家は親戚もなく、長女の初節句のお雛様も何も持ち出せず、命からがらだったという。つがおばあちゃんが持ち出した風呂敷に包まれた位牌だけが助かったのだ。位牌の裏に、〝三月十日　つが持ち出す〟と赤い字で書き込み、今でも仏壇にあがっている。何よりも大切に祖先の位牌を持ち出した母親に敬意を表し、父にはそれが自慢だったのだろう。

そのつがおばあちゃんと一人息子の私の父。自分の母との同居を望んでいたのだろうか。

「お前の家は子どもが多いから」と、通りを隔てた田中畳店に嫁いだ娘の清さんのところに住んだつがおばあちゃんに強い不満があったようだ。しかし、通りを隔てた前の家の畳屋で寝込んだ母親の介護に毎日出向いたことも多くを語らない父だった。だが、器用で優しい父だからできたこと。息子として本当に優しかったのである。

私の母も姑であるつがおばあちゃんと仲良しで、お祭りの日、家の前を通るお神輿を見せようとおばあちゃんをおんぶして玄関に連れ出し、清さんに叱られている。「そんな姿で外へ出して」と母を叱ったという。父の姉の清さんは見栄っ張りだったらしい。

父も母も親思いの優しい夫婦だ。でも父は、母親が自分の家でなく嫁いだ姉のところで息を引き取ったことには不満であった。「女親は娘がいいのだろう」と、かなりぼやいていた。

新築した田中畳店、その新築の家の襖を父が新規に作り納めたのに、一万三千円の勘定がもらえなかったことを父は大変怒っており、「香典にくれてやる」と、仏壇の引き出しに請求書を何十年も入れたままにしていた。そんなことがあったからだろうか、つがおばあちゃんが死んでから長いこと、私たち従兄弟同士の付き合いもなくなった。が、父が亡くなる前の年、復活している。やはり身内が近くにいる安心感か、父は大宮で長女と同じ敷地に住む状況をつくったのだろう。親子がすぐ近くにいる有難みが、今の私にはよく分かる。

## 似合いの夫婦

父は歌舞伎好きで、独身時代は毎晩歌舞伎座へ通い、歌舞伎がひけると電車がなくなり、浅草まで歩いて帰ったという。経師屋の小僧時代、親方の娘さんが三味線を弾き、その音色（清元《きよもと》だったらしいが）を押し入れの中で隠れて聞いていたという。それを見た親方が「そんなに好きなら」と、長唄の稽古にやってくれたという。本当に三味線が好きだったのだ。

母と一緒になれたのは、その趣味の長唄が取り持つ縁。父は三味線を弾ける女性を妻に迎え、その妻の伴奏で自分が唄を唄える楽しみを生涯持てたのだ。当時三味線は、上流家庭のお嬢さんとか、芸者さんしか弾けなかったようだ。どちらでもない母に出会えたのは、神様が結び付けてくれたようなもの。とても幸せだったであろう。

母を育てたハナおばあさん（母も三歳半にして実の母親を失くしている）が縁結びの神

様。内弟子先（杵屋六太郎）へ稽古に来る父を見て、ハナおばあさんが、「フーをもらってくれ」と頼んだという。

「フー」とは、私の母の名前「房江」を呼ぶ呼び方だ。母は、三歳半にして実母を失くし大変苦労しているが、三味線は六歳の六月六日、ハナおばあさんに稽古に出されている。ハナおばあさんは母を継母から引き取って大変可愛がり、十四、五歳で母を、上野仲町通りにある大久保のお師匠さん（とりさん。売れない芸者さんだったとか）のところへ内弟子に出したという。母をこよなく愛したハナおばあさんは、母の将来を危惧したのだ。大きな骨董屋の友人（六生之師匠の母親）に、母の話をして内弟子に入らせた。そこに唄を習いに来ていた父との縁。父は、ハナおばあさんに見込まれたのである。長唄という趣味が二人を似合いの夫婦にし、六十年共に邦楽人生を楽しんだ。

若い時の父と母は、三味線箱に長女のオムツを入れ、二人で旅行して芸者さんをあげて遊んだという。戦時中、娯楽のない時代、母が三味線を弾き、その伴奏で父が私たち子どもを膝に乗せ歌う楽しみ……それが二人の日常生活でもあった。

母は前の家（田中畳店）の義兄にも稽古をつけてやり、近所の人たちにも三味線を教えた。おさらい会も夫婦主催で毎年湯島の家でやった。五十年前の写真が出てきたので見たら、近所の旅館の娘さんや仲居さんまで習いに来ていた。

湯島の家は狭い家だが、金屏風を立てると立派な座敷、子どもも大人も私たちも、金屏風の前で日舞を踊る人、三味線を弾く人、手書きのプログラム、安い会費制でお金もかけずに楽しんだおさらい会である。

おさらい会といえば、忘れられない話がある。杵屋栄乃丞という芸名の友人は歌舞伎にも出演し、伊東、熱海などの見番で芸者さんに稽古をつける長唄師匠。母を内弟子に迎えた上野仲町通りのとりさんの息子だ。父はその師匠とも親しく、自分の友人を何人か弟子に紹介した。そのお礼にと、師匠主催のおさらい会を白木屋ホールで行った。大変お金のかかるおさらい会であった。良いお弟子さんを紹介してくれたお礼にと、会主はプログラムに父の名前も載せた。だが、父は舞台で唄えると喜んでいたのに、時間がなくなった、と父の出し物、曲を中止してしまった。

舞台で一曲唄えると張り切って友人を何人も招待していた父は、突然の中止に悔しがり、「ツーベー（友人の愛称）の腕をへし折ってやりたい」と言っていた。

さらにその時の無念さを、「芸事は好きだが、芸人は嫌いだ」とも批判した。その後数回、父は白木屋ホール、日刊工業ホールにも出た。舞台の父はプロにも引けを取らない歌唱力、声、立派な姿勢、かっこよかった。

父の仕事先、三組坂下のお妾さんの家へも、母は出稽古に行った。父母ともそのお妾さんに気に入られたのだろう。親しくなり、その家族（五歳の女の子とおばあちゃん）に、熱海東龍という一流の旅館に、父母と末の妹の三人も招待された。

お妾さんが旅館に呼んだ写真屋さんが撮った、どてら姿で皆がくつろぐ写真が何枚もあり、アルバムの中で圧巻である。

そのお妾さんは、母を通して高価な三味線を買う。すると、その三味線屋（柏屋）の奥さんも母に出稽古を乞い、母は教えに行く。その三味線屋の息子さんは当時慶應大学の学生で、私に英語を教えてくれた。その大きな三味線屋とも親しくなり、私の家のドラム缶風呂の釜にくべる薪として、三味線の素材である甲木や紫檀などの断ち落としを家まで車で運んでくれた。私はまだ子どもで分からなかったが、これらの木片は火力も強く、いい湯が沸いたことだろう。その頃の近所付き合いの様子が窺える。

後に大宮に住むようになってからも、東京から趣味の仲間が集まり、毎回母がご馳走を作って楽しんだ。周囲が畑や田圃で、どんなに騒いでも誰にも気兼ねのない場所。どんちゃん騒ぎを年二～三回やっていた。

七十五歳を過ぎても三年間、夫婦そろって週に一度、長唄を習いにこの大宮から上野へ稽古に通う。母を内弟子にした六生之師匠のところだ。昔馴染みであるので師匠も父母が来るのが楽しみで、お昼になると天ぷらそばをご馳走してくれたり、魚屋さんが来たからと、魚のお土産を持たせてくれたりする。

また、電車賃がかかるからと月謝を安くしてくれた。週一度だが、稽古仲間との至福の時だった。私もその師匠のところへ、四谷の日米会話学院で勉強中に五年近く通っている。親子共々世話になっている。その師匠も、父の一年後亡くなっている。父はその師匠に、安い月謝なのにお昼をご馳走になりお土産まで頂いている。月謝以上の出費であろうと感謝し、〝赤弟子〟と自分たちを呼んだ。師匠も父母のお稽古を楽しみにしていたのだろう。その時の稽古のテープが今も手元に何百とある。父母の趣味は、今私の大変な参考になっている。

趣味という財産は、似合いの夫婦をつくり、いつでもどこでも楽しめる、とつくづく思うのだ。三味線二張を立てかける箱、見台《けんだい》（お稽古の時、教本などを置く台）もまた器用な父の手づくりで、今も使っている。職業柄、掛軸、屏風はもとより、歌舞伎の小道具、タバコ盆など歌舞伎舞台の上のものはすぐ作ってしまう。だから、馴染みのものばかりなのである。

父と母。向島百花園での「浴衣ざらい」にて。

## 新しい住まい

父の生まれた湯島という土地も、歌舞伎の『加賀鳶《かがとび》』に出てくる粋なところ。私が無粋なことを言うと、父は「お前は湯島に住む資格はない」とよく言っていた。

父は住居についてもこだわりが強く、湘南方面を探し、戦前、稲村ケ崎の土地に手金を打ち、チャンスはあったのに母親とフー（父も自分の妻をフーと呼んでいた）に反対され諦めたという。歌舞伎役者が湘南方面に多く住んでいることから、湘南は父の憧れの土地だったのだろう。その後も鎌倉方面を長男のお嫁さんに随分探させていた。

お寺の鐘が聞こえるところに住みたいと、常に情緒や風情を求めていた父。それが叶わず大宮に住むようになったのは、長女夫婦が住居を探し、連れ合いが新聞の競売の記事で見つけた土地だったから。姉たちと一緒に下見をしに来て、自分も欲しくなったのだろう。落札して八十坪の土地を手に入れた。姉たちは三十坪の自分たちの土地を探していたのだが、父が気に入り、共同で買うことになる。

東に第二産業道路と茂川の河川敷のある調整区域があり、見沼《みぬま》用水を隔てて田圃や畑の広大な土地が見渡される。用水のすぐ隣に自分の住まい、母と自分の老後用にと突然欲しくなったのだ。

友人の不動産業者が、「こんなに見通しのよい土地はなかなかない」と言うほど、探してもなかなかない土地なのだ。

浅草生まれの母は、この土地を嫌がった。今でも、「どうしてこんな田舎に来てしまったのだろうね」と繰り返し言う。

「年をとったら、こういう田舎がいいのよ」

と、私は母をなだめる。

都会で生まれ、半世紀以上を都会で過ごした父母。人生の終末を意識し（父がこの土地を購入したのは五十代に入ったばかりだったが）、自然が好きな父がこの見沼という土地に愛着を覚えたのだろう。お寺の鐘の音は聞こえないが、長女と同じ敷地なら自分が逝っても妻の面倒を長女がみるだろう、と考えたのだろう。

## 江戸っ子気質

父の器用さと江戸っ子の名残に触れてみよう。誰もが認める、着流し姿、着こなしの粋。情緒を解し、真面目で見栄を張らない人だ。〝江戸っ子は五月《さつき》の鯉の吹き流し〟――心がさっぱりとしてわだかまりがないというが、父は見栄を張ると自分が苦しくなると言う。〝火事と喧嘩は江戸の華〟よろしく、世相やイベントには黙っていられなかった。安保闘争の時など学生を家にかくまい、電車の中でも政治の話にムキになる事も多々あった。

身に付いた義理人情と忠誠心。私たちが子どもの頃、『忠臣蔵』の話をよく聞かされた。泉岳寺にも連れて行ってもらった。歌舞伎の『仮名手本忠臣蔵』は一般の忠臣蔵とは違うこと（大石内蔵助を大星由良乃助という）等も教えてくれた。四十七士の名前はもとより、天野屋利兵衛《あまのやりへい》の「天野屋利兵衛は男でござる」は、父の好きな言葉だ。今でも耳によく残っている。歌舞伎は無学の学問だ、とよく言っていた。歌舞伎から人生を学んでいたのだろう。

謙虚で素直、知ったかぶりはしない。「聞くは一時の恥、聞かざるは末代の恥」と、子どもに教えた。いい加減が嫌いな人だった。

季節に合わせ、床の間の掛軸を替え（お正月は蓬萊山《ほうらいさん》の掛軸、五月は兜《かぶと》の色紙）、四季に合わせた衣食住を楽しんでいた。旬の食物を好み、温かいものは熱くいただくものと。

父は、誰が買ってくるお土産も大切にする。子どもたちが修学旅行で買ったつまらないお土産まで人形ケースに大切に飾る。北海道から九州までのお土産がところ狭しと並ぶケースの中、北海道の大きな木彫りのヒグマには歯を白く、赤い舌も描きリアルさを出す。するとと木彫りのクマも生き返る。

リブという犬（家の裏の用水路に捨てられて鳴いていた子犬で、兄が捕虫網で拾い上げ、十年近く飼った雑種犬）も手を加えられた。動物好きの父がとても可愛がったのはいいが、真っ白な犬の鼻の頭が赤いのが気に入らず、黒いフェルトペンを濡れている鼻に塗ったのである。もちろん、鼻は黒にはならない。いたずらだ。

父は、絵に描いたような江戸っ子。それも〝べらんめえ〟だが、品格のない江戸っ子ではなかった。歌舞伎を見ると、父がいかに歌舞伎好きであったか、そののめりようが分かる。役者が着ている着物の柄、着方、しぐさから影響を受けているのか、それとも天性に備わった父のセンスか。舞台で見る屛風、タバコ盆、簞笥類等、小道具は真似して作り、自分の家でも日常茶飯事に使う。父の口調も世話物の江戸風情そのもの。「ホンに今夜は節分か」、「知らざあ言って聞かせやしょう」と、魚屋宗五郎、髪結新三《かみゆいしんざ》などの「これだ！」と思い当たるセリフが父の生前と重なる。私も「かまどの下の灰まで、お父ちゃんの物でしょう」と、ケチを言う父に言い返したことがある。父の大の歌舞伎好きを知っていたはずなのに、その父を老後、なぜ歌舞伎座へ連れて行かなかったのか――悔いる。若い時は、三階席ばかりで鑑賞していた。私たちも三階席に連れて行かれた。

父が亡くなってからここ数年、母と一階の桟敷席で毎月、昼の部・夜の部と切符を取り堪能するたび、晩年の父を歌舞伎座へ連れて行く余裕のなかった自分を後悔する。六人の子どもに分けるお金があったのだから、父もそのお金で好きな歌舞伎に行けたはずだ。私たちに、その心の余裕がなかったのが悔やまれてならない。

歌舞伎座はいつも三階席だった父、四十年前のＤＶＤを見ると、大向こうから「成駒屋《なりこまや》」、

「中村屋」と掛かる声が、父の声に聞こえてならない。

# 父の物づくり

父は、仕事で北海道へ行くと車窓から十勝岳を手帳に写生し、金沢では兼六園の琴柱《ことじ》の灯籠、ロンドンに来ては滞在した私のフラットの玄関を写生して帰る。そして、それを実際に、私の英語教室の出入り口や庭造りに役立たせている。

父は表具師の仕事がなく困ると、ＰＴＡ仲間のガラス屋さんから紹介された銀座のワシントン靴店のショーウィンドウの中の壁張りの仕事をした。表具師が壁張り屋になった、と嘆いたこともある。が、この靴店の仕事があったから、大宮の土地を買えた、と言うほど有難いお客様だった。

これをきっかけに、父は日本全国のワシントン靴店の仕事をした。その飾り付けの廃材となった白い丸棒を利用して私の英語教室の玄関をデザインしている。八十七歳で亡くなるまでに数え切れない物づくりをした。

父は作ることが好きなのだ。さすがに生き物は作れなかったが、熱帯魚やムクドリも子どもの頃飼っていた。小鳥から建築まで何事にも興味のあった父。私が子どもの頃は、父の作ったおままごとのお店屋さん、パン屋さん、八百屋さん——実物そっくりのミニチュアで、部屋の隅に置き、姉とよく遊んだ。男の子には乗り物、絵本を見ながらヨット、ヘリコプター、旅客機まで、原木から木取りし、ヤスリをかけ、ペンキで色を入れ、見事なものだった。

小鳥は、梱包に使われていた発砲スチロールを利用して、ウグイス、セキレイ、シジュウカラなど見事に作った。だが、塗料を吹きかけると、その塗料の性質で変形した小鳥になり、ショックを受けたことを覚えている。孫にはミカン箱に車を付け、足でこぐ自動車を作っている。

父は何を作るにも材料は一切買わない。常に頭の中で考えていて、捨ててしまうようなもの、例えば空き缶を庭の垣根の防水に利用したり、金の包装紙で置物の台をくるみ、と廃物利用するのだ。物を活かすのが父の物づくりの原点。父が生きているうちに個展を催していたらと、つくづく思うのである。

昭和二十年（一九四五年）、父は湯島の焼け跡に自分の手でバラックの家を建てた。空き地で製材していた父の姿をよく覚えている。隣の山田さんには、柱を建てる時手伝ってもらったという。横根坂《よこねざか》上で風当たりが強く、台風が来ると強風で反り返る窓枠を、子どもたちも押さえた記憶もおかしい。

昭和二十三年（一九四八年）には、湯島天神のお祭りの「子ども神輿」も父が作った。近所の子たち二十人くらいとその神輿を囲んで一緒に写っている父の写真がある。貴重な思い出だ。

腹話術のフクちゃんも、木組みから作った。細い角材を基礎に十文字に組み合わせ、それに新聞紙を丸め、大きな頭を作り、等身大のフクちゃんができた。弟が五歳時に着たブレザーを着せ湯島小学校に持って行くと、プロの腹話術師を招き、父のフクちゃんを使って公演会をした。そのフクちゃんは湯島小学校に寄贈している。

子どもに出される夏休みの宿題は、八月末になると親がやることになる。弟の宿題、見事な三十センチほどの帆前船を父が作る。夏休みの宿題展が終わると、先生が欲しくなり、先生にあげちゃうのだ。

# モルタルの家

バラックの家の次は、モルタルの二階建ての家だ。これは近所の大工さんに建ててもらうが、その家の壁に大きな一間《いっけん》の丸窓を作り、明かり取りにする。玄関のたたきにはセメントで模様を入れ、大工さん任せでない父のセンスを活かした家だ。二階は六畳二間、三畳一間の貸し間にした。借金返済の手段だったのだ。中央大学に勤める母と娘、青森から出て来た若夫婦、高校の女教師、誰かのお妾さんで間借りをしていた女性は、後にある教団の講師になった。十人ほどの他人が同じ屋根の下に住んだ。服部さんという人は歌舞伎が好きで父と話が合い、私たち家族と食事を共にするうち、父の仕事を手伝うようになった。こうして多くの店子との交流が生まれ、その後も数十年続く関係があった。

十二坪の小さな家だったが、子ども六人と父と母の八人家族。一階の父の仕事場には一間半×三尺のお板（表具師が作品を完成させるための板）があり、母が三味線を教える稽古部屋も備えた。奥行きのある小粋で小さな心地のよい家であった。

小さな家だから、稽古部屋も寝室も居間も共用、日本画家の奥村土牛の「臥牛」の大きな額もあり、そこで母は近所の人たちに三味線を教えたのだ。その絵はどうなったのか？売って生活費になったのだろうか。

父は部屋の模様替えが好きで、母の友人H子さんは遊びに来るたび「芝居の舞台のようだ」と、その様変わりを言う。大きな箪笥もあっちへ、こっちへと移動。移動することで気分も変わるし、使い心地もよくなる。様変わりを楽しんだのだ。

屋上は陸屋根《りくやね》（瓦をのせない平坦な屋根）という造りで、瓦は葺かずビルの屋上のようで、スリッパを履き物干しに出る。そこからは、横根坂という坂の上に東京医科歯科大学が見えた。横根坂の右側には洋風レンガの屋敷、左側には日本建築の数寄屋造りの家、お正月の大きな門松はお金持ちの家である証拠。私の家の屋上からよく見えた。

湯島の家からは、両国の花火も十分楽しめた。子どもたちが大きくなると、その屋上を利用して三階に長男用に部屋を作り、大きな手作りベッドを置いた。その部屋へはパイプを通して交信した。一階のラッパ口から大声で、「ご飯だよ。下りてらっしゃい」と、楽しんだものだ。

私の小学校の横尾先生の子どもさんも来ると、長い円筒のラッパ口からの交信がおもしろくて、離れなかった。どこの家にも見られない奇想天外な父の発想だ。今は景色も変わり、子ども時代を過ごしたモルタルの家もビルになっている。

## 父の愉しみ

父は五十五歳にして完全に仕事を辞め、「余生は大宮で」と切り替えも早かった。

他人様からお金をいただく仕事はもう無理と言い、大宮に土地を持った機会に自分のやりたいことを見つけたのだろう。湯島から徐々に大宮に生活基盤が移り、その大宮で〝家庭とは庭がなければ、家庭と言えない〟と、庭造りに励んだ。十坪余りの小さな庭だが、兼六園の琴柱《ことじ》の灯籠を模した雪見灯籠（木組みを作りセメントを流したもの）を置き、池を掘り、金魚を飼い、その金魚を狙う猫を捕まえようと、ネズミ捕り器ならぬ猫捕り器まで考える。池には鉄筋の太鼓橋が架かり、その池に浅間山の火山岩から滝が流れ落ちるようにする。買った物などない。どれも自分で考え、木材下地を作りコンクリートを流しての作品だ。配置はするが、庭師は灯籠までは作らないだろう。

父の庭は、お金がかかっていないのに、小堀遠州にも劣らない、独創的で奥行きのある庭だと私は自負する。まだ乾かぬセメントの軟らかな灯籠の足に指の跡を残す孫。それも笑顔で子ども心を解する好々爺であった。

だが、石だけは作れない。巨大な五つの庭石は、トラックで売りに来た石屋さんから上手に安く買ったそうだ。安く買えたのは母のお陰。一度は交渉が破綻したが、石屋さんが帰り道に我が家に寄り、母が値切った価格、最初の言い値の半額で置いていったのだ。父の庭の構想がなければ置けなかった石の配置。一メートル以上ある数トンの御影石三個、鉄平石《てっぺいせき》など、素人では動かせないものだ。

母も父の庭好きを理解していたから買えた石。奥行きと味のある見事な庭だと思っている。平成二十三年（二〇一一年）三月十一日の東日本大震災で雪見灯籠の足が壊れたが、かつての私の教え子が地震で壊れた屋根の修復に来てくれた時、灯籠の足も直してもらった。

父の庭は、松、梅の木がよい具合に配置され、滝が流れ、常夜灯が点き、風情のある日本庭園だ。春は藤棚の藤の房が下がり、雪が降れば、その庭をカメラに収め楽しんでいた。

父は毎日毎日十年間、一日中庭に出て草むしりをし、朝に夕に水をやり、手を入れ込んだ。石は濡れている時が一番きれいだ、と言いながら。

父が肝炎で社会病院に入院した時の心配は庭の水やりであった。父の死後、次第にジャングル化してきた庭に、これでは父が可哀想と、去年庭師に入ってもらった。

その庭師さん、「玄人はだしの庭だ」と散々褒め、自分のお客さんを連れて来て見せ、写真を撮りまくって帰った。父が生きていた頃、私が知り合いに自慢すると、「好きで、楽しみで造っただけの庭だ。自慢するような庭ではない」と、私を制した。まだ満足がいかなかったのだろう。

この大宮で私が開いた英語教室は、物置として建てたものを再利用した。住まいが狭いため捨てられない物の置き場所に建てたものだ。天井は張ってあったが、トタン屋根の安普請だった。八畳以上の広さがあり、同じ地所に住む兄の電気工事店の材料などの置き場所になったこともあった。私がイギリスから帰国し、日米英語学院で勉強しながらの英語教室は、まだ海のものとも山のものとも分からないものだった。父母にとっては、離婚した娘が開く教室だ。地続きに住む姉は、娘の友だちに宣伝し、電柱にもチラシを貼り、十人ほどの生徒が集まった。一つのテーブルを囲む寺子屋のような教室で、東京で勉強しながら週末だけの大宮教室だった。母は私が教えることを〝泥縄〟と称した。確かに勉強しながらの教師だから、泥縄である。でも、なぜか生徒は夏休みの早朝クラスをするほど集まった。

父母の生活する住まいとは隔離しているから、生徒の出入りにも格好の場所。大きな声を張り上げ張り切った授業であった。教室はロンドンのフラット（平屋住宅）を真似て、廃材を利用して見事にイギリスの雰囲気を出し、「英語教室に来たんだ！」というイメージを持たせてくれた。どんなものも捨てずにそれを生かす技が父にはあった。

和服が好きな鯔背《いなせ》な江戸っ子。母とのお出かけはほとんど和服という父。角帯《かくおび》を締め、雪駄《せった》を履く。夏は浴衣に下駄。とても素敵だった。日本人には和服が一番だと感じた。歌舞伎の舞台上で役者の着替えを見るたび、父がしていた仕事を思い出す。その格好の良さ。

父は旅行も好きで、独身の時は一人旅をよくしたようだ。仕事で北海道に行く時も、仕事を利用して登別温泉からカルルス温泉と回り、車窓から駒ケ岳など景色をスケッチしていた。独身の時は近所の先輩や自分の母親も富士山へ連れて行き、七合目で怖い目に遭った話も聞いた。狼を避けるため、雨合羽《あまがっぱ》を燃やして避難した話も聞いた。近所の人たちと日掛貯金をし、その人たちをまとめて、熱海の梅園、伊東の温泉など、父が添乗員のように活躍したのである。その時は背広姿で、写真で見る父は高倉健以上に格好良かった。

父が60代（死の20年前）で創作した庭。庭石以外は全部父の手づくり。

## 父母の海外旅行

私がステイしていたロンドンに、父母が訪ねて来た時は、四十日間二人とも和服で通した。イタリアのサンマルコ広場もスペイン広場も和服で歩いた。シャルル・ド・ゴール空港では、父母の和服姿が〝世界の人々〟という題で、フランスのテレビで放映されたという。日本人であることを誉れとした父と母。その時父は六十代前半、母は五十代後半だった。娘がどんな所に住んでいるのか知りたくて、パスポートの署名のローマ字も絵を描くように真似たそうだ。海外では家の中でも靴を履くという私の手紙に、一畳敷きのゴザ（自分たちの座敷を確保するため）を抱え、パーティーでは日本の音楽を紹介しようと三味線を持つ和服姿の二人連れ。テレビカメラのターゲットになるはずだ。

父が亡くなって十四年目に、昭和五十九年（一九八四年）の母の手帳を読みながら三人の夢のヨーロッパ旅行を懐かしんだ。イギリスでは、ステイ先のクルーガーさんの家に三十日間滞在の後、十日間、フランス、スイス、イタリアへ三人旅。ローマのカラカラ浴場では、「無駄な写真は撮るな」と言う父と喧嘩して、「一人で帰れば！」と意地悪した私。十日間の旅行の後、フランスに二人だけを残し、私一人ドーバーを渡りイギリスへ戻ってしまった。

この四十年前を思い出し、一人ドーバー海峡を渡った時の苦悩に涙した。私はフランス滞在の友人に二人のことを頼み、シャルル・ド・ゴール空港まで連れて行ってもらった。無事、飛行機に乗せられ、その飛行機の中からオーロラを楽しみながら、日本にたどり着いた二人旅だった。

父母は、人をもてなすのも上手だった。イギリスの私の下宿屋のおばさん、クルーガーさんは日本が好きで数回来日したが、日本に来ると、私の家（湯島、大宮）を宿にしていた。父は彼女を歓迎する席ではイギリス国歌を歌う。初めて聞く父のイギリス国歌に、私は驚いた。体の大きなクルーガーさん、私の家の小さな湯船には入れず、姉の家に泊まった。そして私の英語教室にクルーガーさんをゲストに呼び、生徒たちと交流をしてもらった。クルーガーさんが入ると、小さな掘り炬燵《ごたつ》のやぐらが持ち上がってしまいそうだったが、その炬燵で日本酒、お茶を楽しんだ。

アメリカのステイ先のホストファミリー、フィッシャーご夫妻を家に泊めた時は、母が三味線を弾き、父が都々逸《どどいつ》を披露した。さらに父母がアメリカ国歌を歌い、フィッシャー夫妻はそのお返しに「Row Row Row your boat」を父母に教えていた。

フィッシャー夫妻は、家の狭いお風呂に二人で入り、二人の枕元に置いた枕屏風に靴下を掛けたのも逸話であった。言葉の通じない男同士、チャールスと父は朝起きて二人で散歩に出かけたのはいいが、言葉の通じない二人がお互いを思いやるがために速足になり、困ったという話も面白い。

そのご夫妻、自分たちの日本滞在は、ホテルではなく日本人の家庭に宿泊した、というのが何よりも自慢だったそうだ。

大宮の自宅にて、父母とクルーガーさん、そして私。

## 父の内面

父の内面に触れてみたい。母は言う。「とても気難しく、うるさい人だった」と。長女（私の姉）もそれをよく分かっていて、「自分の結婚相手には父のような人は嫌だった」と、はっきり言う。私はその父が好きで、「この人が私の旦那です⁉」と、写真を持ち歩いていた。姉妹でも感じ方は随分違うものである。

父は、いい加減が嫌いな人であった。食べる物にしても朝は味噌汁で、すまし汁は夕食にと決めて、融通のきかない頑固さもあった。リタイア後は自分の趣味に生きた。それが庭づくりであった。一日中庭に出て、「飯も仕事のうち」と、お昼ご飯は十二時と決め、「昼だぞ」と、母に催促していた。〝男子厨房に入らず〟をモットーとし、〝家内は家にいるから家内だ〟と、母を家に留めたのである。その父がロンドンでキッチンに立ってお皿を拭く姿の証拠写真を撮ったが、なかなかおつだった。母一人の行動は許されず、一人でのお稽古や外出は全くもっての外だった。母も「愛されているから仕方ない」と、文句も言わずに父の側《そば》で編み物をしたりして時間をつぶしていた。

だが、そんな母も、「私はお父ちゃんの看護師ではない」と抵抗する時もあった。そんな時は、母を外出させようと、私が湯島から大宮に行った。母はすっかりおめかしをし、端唄のお稽古に出かける寸前というところで父のご機嫌が悪くなり、母は負けて出かけられなかった。母のやるせなさはどんなだったろう。

父は旅行が好きで、北海道から九州まで全国を旅している。団体のバス旅行に母と二人での参加がほとんどである。団体旅行では、二人は夫婦漫才を演じ、皆に喜ばれた。旅行仲間もいたが、その旅行で仲良くなった人やバスガイドさんなどが、旅行の後よく遊びに訪れていた。

明るい母は宴会などで破天荒な振る舞いをすることがあった。それを見て、「旦那の顔が見たいヨ」と、嫉む男がいた。父はその男に「旦那は俺だ!」と、名乗りを上げる。

二人が旅館の庭先で楽しそうに肩を組む写真は、私の宝物である。

子どもの頃の潮干狩り、お花見と家族全員でよく出かけ、時には近所の子どもまで連れて行く子煩悩な父親だった。あの当時、駅の改札を出る時、国鉄（今のＪＲ）では子どもは大人に付いて一人無料という利点を使い、「あのおじさんに付いて出ろ」と、よく父に言われたものだ。

浅草は、三社祭、四万六千日、羽子板市、酉の市などがあり、家族そろって出かけた。もっとも三社祭は、母の氏神様だったこともあり特別だった。巣鴨のお地蔵様は〝四の日〟のお参り、本郷通りや蔵前通りに出てよく出かけたものである。

父は、仕事を教えてくれた親方《おやかた》のことも忘れることなく、私たちに親方の話をよくしていた。父親を三歳で亡くしている父は、親方が父親代わりをしたのだろう。親方の話が出ない時はなく、毎晩夕食時には親方の話を聞かされた。年季奉公が明けるまでに「喜《きー》ドン」、「喜《きー》さん」、「北川さん」と父の呼び方が変わっていった。

浅草へ行くと、厩橋《うまやばし》にあったかつての親方の家（もうその家はなかったが）近くに行くと深々と頭を下げる。その帰り道、親方のお墓がある榧寺《かやでら》に詣でて、自分の修業時代の親方に感謝する父の姿は、今でも私の目に焼き付いている。

団体旅行中の父と母。

## 父親的愛情の示し方

湯島小学校の通りの家、表具師という文字（父が障子紙でかたどった半紙大の勘亭流《かんてい》のような文字）が、四枚戸の窓ガラスいっぱいに貼られている。戸を開けるとすぐ上がり框《がまち》があり、その框にお客さんがひょいと座り仕事の話になる。店には一間半と三尺の大きな〝お板〟が置かれ、そこで掛け軸の表装、襖の新規、張り替えの糊打ち作業をする。

住居半分の面積を占めた作業部屋のお板の脇で、父の鼻歌を聞きながら襖の縁《ふち》打ちを手伝う母。父が「いいか?」と声を掛け、母が「はいよ」と言い、縁を襖に打ち込むのだ。鼻歌が聞こえる、あの仕事場が懐かしい。

父に仕事が来ないと暇を心配し、母は見本帳を持ち外交に歩いた。家にお稽古の人が来て、遊んでいる父と出くわしてはバツが悪いだろうと、父を気遣い、松坂屋で暇つぶしさせる母。お得意さんへの重い糊盆を持ち、父のお供をする母。大勢の子どもをそんな環境で育てた両親であった。

父は自転車の後ろに子どもを乗せ、よく材料屋に連れて行ってくれた。そんな父に、長男も小学生の時からよく手伝いをやり、暮れの忙しいときなどは大活躍だった。小さい妹や弟の面倒を見たのは長女だった。八人家族は、遊ぶことも仕事も常に一緒だったのである。私が清瀬のK学園に入園(肺結核の療養のため一年ほど入園)した際、園長から「見舞いの回数が多過ぎます。面会に来られない家族のことも考えてください」と注意を受けた父母だった。子どもが就職すれば、その上司先へ二人そろって挨拶に行く。私の離婚に関してお世話になった浜田山に住む当時の最高裁判事にも、離婚成立後、父母二人で挨拶に行った。自分で作った極上の屛風を唐草模様の大きな風呂敷に包み、お礼に行く父母の姿に〝心配かけちゃったな〟と、その時の気持ちは忘れられない。

毎晩晩酌二合、休肝日をつくれなかった父は、いつも言っていた。「酒なくて何の己が桜かな」と。若い時、父のお酒をやめさせようと、母と電柱に貼ってある広告に電話したり、お酒を水で割ったりした。もちろん、すぐ見破られて叱られるのが落ちだった。

我が家は毎晩食事の時間が長く、お酒が入ると母に、父の「お前の親は」が始まった。母の生い立ちを知る父。駄目親（母の父親で、辰造という名前の前にバカを付けて、バカ辰と呼ばれるようなお人好し）に自分がならないよう、父の自戒だったのだろう。

母が駄目親のために苦労したのを知り、その親への批判は、父の〝母への愛情〟と私は受け取った。だが母にすれば、親の悪口を聞くのは辛かったであろう。反論する母に、お膳を引っくり返したり、母の髪の毛を引っ張ったりする気性の激しい父でもあった。私たち子どもは、その父から母を守ろうと母を庇い、外へ連れ出した。弟は、母を池之端《いけのはた》に連れ出し「大きくなったら、かあちゃんをおんぶしてやるから」と優しかった。後年、千代田線が開通した頃、私も、父の暴力から母を放そうと、母と千代田線の中で時間をつぶしたこともある。

そう、こんな事もあった。大宮で同じ地所の姉の家の建て替えの時は、父母だけの生活。姉家族は仮住まいをしてもちろん不在。隣家の父母の家が被る埃は大変なものだった。その不満の持って行き場のない父母は、他愛もない事ですごい喧嘩になったようだ。母が不意に落とした一閑張り《いっかんば》の菓子器の音が〝俺に腹いせをした〟と、母に怒ったのだ。母は腹いせをしたり、物に当たったりするような性格ではないのに……。父は家を出たが、行き場所がなく、品川の娘（四女）のところに二泊した。六人の子どもの結婚は大変だったろう。長女の縁談の時、「是か非か」と、父親はお風呂場で水を被っていた。次女の私が離婚してくると、「出直しの娘です」と、私を連れて歩いた。

かつて「赤紙」（召集令状）一枚で戦争に引っ張られた時代、「嫌だ」と自分の意見を言えなかった父は、「これからの世の中は、しっかり自分の意見を言えなくては駄目だ」と子どもたちを教育したため、私たちもそれなりに親に反抗した。長男は家を出てしまい、三女もそうだった。四女になると要領がよくなり、親もだんだん慣らされ、子どもに任せるようになる。六番目の次男の結婚は、四女夫婦が助太刀し媒酌をした。

息子二人が、二人とも横浜で連れ合いの両親の面倒をみる形で結婚した。

「二人とも浜っ子になりやがって！」

と、父は親でもどうにもならない不甲斐なさの鬱憤《うっぷん》を晴らしていた。

子どものしつけに関しては、父と母の意見には違いがなく、というより母が口を出さなかったのだろう。ＰＴＡの集まりなど教育関係は父が主で、母はほとんど参加できなかった。少し余裕ができて保護者会に母が出かけるようになったのは、四女の時になってからの事だった。父のしつけの厳しさを母が庇い、母に叱られたことは一度もなかった。お正月、家の中で羽根つきをしてガラスを割りお正月の着物を普段着に着せ替えられたこと、四女などは銭湯に行くと父の手のひらの跡がお尻にくっきり残っていたなど、愛の鞭はきつかった。

私が入園した療養所に見舞いに来た父は夕刻の帰り際、空に親鳥を先頭に家路を急ぐ雁の姿を見て、「敏子は連れて帰れない……」と嘆いたそうだ。その言葉を妹から聞いたことがある。そんな優しい父だった。

# 父の人生

父が生まれたのは、明治四十四年（一九一一年）十二月二十六日。亡くなったのは平成十年（一九九八年）十二月二十一日、八十七歳に五日届かぬ命だった。最後の年は毎月高熱を出す一年であった。

入院中、尿管を外してくれた先生に握手を求め、楽になった感謝の気持ちを態度で表した。

亡くなる寸前、入院を嫌がる父が自ら「救急車！」と叫んだ。義兄が背負って病院に連れて行ったという。自宅に六人の子どもたちが入れ替わり泊まりに来てちょうど一周した時、入院したのである。

私は湯島で仕事をしていたが、夜中、義弟が車で私を迎えに来て高速道路を走り、病院に連れて行ってくれた。そうして一カ月の入院で息を引きとるが、子どもたち六人に看病され幸せな最期だった。亡くなる数日前、しゃべることもままならず、病院の壁のカレンダーを指差し、両腕で×印をつくった。自分の命は「今年いっぱいだ」と、私たちに言いたかったのだろう。

勘の悪い私は、あの父のゼスチャーが何だか分からず、すっかり葬儀も終わった一週間後、散歩中に冬空に浮かんだ白い大きな雲を見ながら認識したのであった。本当に勘の悪い娘だ。

父は兵隊にとられても、痔の病が幸いして帰された（海軍の横須賀部隊に三カ月いたが、上司が同じ三組町会であった人のお陰で除隊できた）。若い時は肺浸潤を病み、T大病院で蓄膿の手術をして大量の血を吐いたのは、私が小学生の時であった。

五十代で胃カメラを呑み、ストレスから来る胃潰瘍が発覚。母と私が父に留守番をさせ、三味線のお稽古に通ったストレスだったのだろう。退院が決まってから突然の下血。青砥《あおと》のG病院に入院し、その後心房細動、最後は老衰だろう。六人の子どもたちの看病のもと、幸せな死だった。

亡くなる二カ月前、平成十年（一九九八年）十月十日、長男の運転する車で家族全員で鬼怒川《きぬがわ》へ二泊の温泉旅行をした。二カ月後の十二月二十一日逝去《せいきょ》、棺に入れたのは、まずその思い出の写真だった。父の人生は、仕事部屋で鼻歌が出る明るさで、子育ても、旅行も、物づくりも楽しみ、質実剛健、真実一路であった。恋愛は、「夫婦になってからが恋愛だ」と言っていた。亭主関白だったが、母と六十年、喧嘩しいしいの六十年だった。

五十五歳で仕事を辞め、長女の連れ合いが探したこの大宮に身を置いた。湯島は自分が生まれた土地だが、〝窓を開ければ港が見える〟ではない都会だ。「老後は小さな庵で」と終の住処を考えたのだろう。物づくりが好きな父、庭を造り、趣味の世界に生きた満足な人生だった。若い時は、身を粉にして働いた。〝寝るほど楽はなかりけり。浮世の馬鹿は起きて働け〟と、言わんばかりに。

父が亡くなる五年前、老朽化した湯島の家の隣が空き地になり、横根坂から上がると、みすぼらしさが目立つようになったのでビルを建てた。長年世話になったモルタルの家が壊されるのを見るのに堪えられず、父は取り壊しに姿を見せなかった。建て替えたビルは小さいビルだが、その建築は横浜に住む長男に託した。

私がお嫁に行かない場合、将来そのビルを担保にして老後の資金にするようにと遺言し、大宮を母と二人の終の住処にした父。大宮で狭いお風呂の掃除に私が愚痴をこぼすと、「てめえが帰ってくるとは思ってねえ」と言っていた。

私はこの二十四年、母とこの大宮で生活してきた。毎日、父を思い出しては兄弟や友だちに父の自慢話をしている。

## 父の言葉

父の生き方は、明るくきれい、そのものだった。若い頃、澤田清という俳優に似ていて〝いい男〟と言われた。近所でも〝粋〟と評判だったそうだ。

母の友人のH子さんは、長唄のおさらい会によく父と出かけた。そのH子さんは、「北川さんとはどこのコーヒー店にも入らなかったのよ」と、不満だったらしい。

父曰く、「独身の女性を連れて店に入らないのは、その人があらぬ噂を立てられたら気の毒だからだよ」と。ケチで入らなかったのではなく、理念があったのだ。

かつて二階の店子だった宝石の行商人から、私は初月給でトパーズを買った。その人は〝世界人類が平和でありますように〟という宗教団体に入り、父母を教祖のところに連れて行ったことがあった。父母はその教祖に、「申し分のない気持ちのきれいなご夫婦です」と太鼓判を押されたそうである。

父には「友を選べ」と教えられた。頻繁には会わないが、私には良い友だちが沢山いる。高校時代や日米会話学院の友だち、剣舞や水泳の友だち、みんな四十年も前の友だちで、父を偲び、桜の枝で仏面を彫ってくれた友だちもいる。何年も会わないが、大好きなT子さんの死は、自分の母親の死より悲しかった。皆、母と私の共通の友だちだ。父にも沢山の友だちがいた。

父の誕生日は十二月二十六日、クリスマスの翌日で、私の友人は「ケーキが安くなる」と言い、大きなケーキを買い求めて私の友人を含めた大勢が集まる誕生会をした。誕生会には家族や私たちの友人が二十人近く集まった。なぜそんなに沢山かと言うと、家に出入りする友人が、すべて父の友人になるからだ。そんな時は〝都々逸、さのさ〟と日本調の歌を父母のペースで歌い、大宴会になった。

戦後湯島の家の焼け跡に、レコード盤が一メートル以上積み重なった燃え殻があったという。多分長唄のレコード盤だったと思うが……。ワシントン靴店の仕事で大阪へ行った時にはマヒナスターズのレコードを、高知へ行けば、『南国土佐を後にして』のレコードを買って来た。父は、そのレコードを聴きながら、鼻歌を口ずさむ日々だった。

「お金はきれいに使え！」

父は亡くなる年、私たち六人の子どもに現金を沢山くれた。このお金をどう使えばいいのかと聞くと、「その答えは、お金は使って初めて価値がある。だからこそ、きれいに使え！」だった。私はよく考え、二年後に高価な三味線を買った。父が好きだった三味線だから……。


常識を外れたことをする大人を見ると、「鳥居を何度くぐって来たのか」と父は言う。帽子を被ったまま道を尋ねる人に、「おい！　帽子を持って来い」と自分も被って礼儀を教える……まだまだ父の残した言葉は、私の中で生きている。

父の言葉を残さず書き留めるには、何年もかかるだろう。

# 母の章

## 我が母に勝る母なし

# 外《そと》さん

平成二十年（二〇〇八年）六月、九十一歳五カ月の母房江は、歌舞伎座夜の部がはねて、上野で九時四十八分発の宇都宮線に乗る。上野駅のホームでは、私をせかして先に行かせて空いている席を取らせ、自分は速足で私の取った席へ来る。

整列乗車で、サラリーマンが我先にと着席する時間帯だからほとんど席は取れないのだが、発車間際に満員の列車に乗ったとしても、老いた母を見て席を譲ってくれる人は多い。そんな時、母は感謝感謝で、「いけませんネ、こんな年寄りがこんな遅い時間に出歩くのは……」などと言い訳しながら、有難く席を譲ってもらう。

土呂《とろ》駅に着いたら姉に車で迎えに来てもらおうと携帯で連絡しようとすると、「タクシーがなければ歩いてしまうから、電話しないでいい」と言う。決して甘えることのない母であった。

四日前（六月二十二日）には、耳の聞こえないおばあさん・ハナさん（母の育ての親）の七十回忌を済ませ、「もう思い残すことはない」と、自分の気持ちを処している。ハナさんには、どんなふうにしてもできない恩返しがしたかったのだろう。

母には、私としては二年後の父の十三回忌、その翌年の実母・おりさんの百回忌を励みに生きて欲しいと思っている。この元気さなら、それも可能な気がしている。

何よりも有難いのは、杖も使わず階段をスタスタ（東銀座駅の歌舞伎座へすぐ出られる地下鉄の急な階段も）、小走りもできる。電車に乗る時は、「Suica」をスイスイと使い、痛いも痒いもなく、敢えて言えば、出かける間際にトイレが近くなることぐらいだろうか。着替え（五年前は和服が外出着）も、髪の毛も手早くきれいにまとめ、戸締まりまで率先してやる身のこなしだ。

母がこの年でこれほど元気でいられるのは、その性格にあると思う。この九十年間、イライラした様子を見せたことは一度もなく、私たち六人の子どもを叱ったこともなく、明るい性格で、何でも物事を善意に解釈する。

四年前、悪性リンパ腫というがんで髪の毛が抜けてしまっても、見舞いに来る人を笑顔でもてなすのだ。

人に会うのが好きで、毎日の散歩で顔見知りになれば、「遊びにお出かけください」、「お三味線もお教えできますよ」と声を掛ける。

お祭りでお神輿を観る時、黙っては観ていない。「ワッショイ！　ワッショイ！」と声援を送るのだ。

朝夕の散歩は、何十年も続いている。住まい近くに〝市民の森〟という公園があり良い散歩コースになっている。病気以前には一時間歩いていたが、以後は三十分ほどに短縮。雨の日や、よほど暑かったり寒かったりの時は自粛する。天気が良ければ外気に触れたい。いわゆるそと、「外《そと》さん」なのだ。病気入院中にも、日赤医療センター十一階の廊下を二十周も歩いていた。

その昔、子育てで散歩できない時は自宅前で縄跳びをしていた。旅行中は朝食前、母の姿を探すと一人旅館の中を歩いている。また、朝目が覚めると、布団の上でパタパタと手足を動かし、最後に顔を五十回叩いて終わる。これは現在も続いている。

民謡は十五年前に始めた。父が昼寝をしている間にと、その機会をつくってくれたのが床屋の女主人だった。この床屋さんへは父の付き添いで行き、女主人が民謡の先生だったため、民謡に誘われたのだ。

この先生は亡くなられたが、今はその大先生に当たる八十三歳の男の先生（奥さんがマチ子さんと言う）のところへ週二回通っている。

六月二十九日、近くの土呂公民館で三十周年の民謡大会があり、大雨の中、母は浴衣にピンクの夏帯を締めて、大勢の前で「シャンシャン道中馬子唄」や「刈干切唄《かりぼしきりうた》」をきれいな声としっかりした節回しで、私と二人で歌ってきた。上の妹が安孫子《あびこ》から来て、その歌声をテープに録っている。

## 母と三味線

長唄の三味線が母の本命。六歳の六月六日から稽古を始めて、母の生涯の支えになっている。「まだ弾き足りぬ、弾いて、弾いてあの世まで」なのだ。

結婚も、三味線が弾ける女性というのが父の要望。当時三味線が弾ける女性は、良家の娘さんと芸者さんだった。母は、良家の娘でも芸者でもなく、内弟子（師匠の手伝いを住み込みでする）に入って三味線の腕を磨き師匠の手伝いをしながら生活しており、そこで父と知り合ったのだ。

新婚時代は、三味線箱におむつを入れて旅行し、父と二人で芸者さんをあげたりして三味線演奏を楽しんだ。母の伴奏で父が唄う。二人の趣味は、邦楽、小唄、都々逸、端唄と共通している。

五十年前の夕食後のひと時を録ったカセットテープがある。父の小唄、槍錆《やりさび》、都々逸の勧進帳入りは絶品だった。もちろん、母も一緒に三味線を爪弾き、唄い、私も弟も共に楽しんでいる。

母は、戦後父の仕事（経師屋）がない時、三味線の出張稽古で生計を助けていた。「杵屋六房」という名取り看板を振りかざすこともなく、父の表札の隣にそっと並んで掛けていた。

家には、三味線四、五丁が常備されている。誰それという有名人から譲られたという高価なものは戦争で灰と化し安価なものばかりだが、弾き込まれたものを浅草の古道具屋で求めて、今も娘たちに教えている。

大宮移転後は、上野の六生之先生のところへ父母二人で通い、先生も二人が大宮から来ると、お昼ご飯をご馳走してくれたそうだ。父は、「自分たちは赤《あか》弟子だナァ」と笑っていた。「赤弟子」とは、月謝を安くしてくれたり、お蕎麦を出前してもらい、先生には赤字だろうという意味である。本当に良い子弟関係だったようだ。

母は、四人の娘たちに三味線を教える一方で、自分もこの三月までカルチャー三味線教室へ通っていて、ベッドの上でも、電車の中でも、日常的に三味線の棹を押さえる指が動いている。

## おもろい夫婦

父と母は〝おもろい夫婦〟であった。少年時代の父は、奉公先で親方の娘が弾く三味線に心を奪われ、押入れの中で聴き入っていた。それを見た親方が、「そんなに好きなら、稽古に行ってもいいよ」と言ってくれたそうだ。

年季が明けると、父はさっそく上野仲町通りの六太郎師匠の元へ通うようになる。なんとそこには内弟子として入っていた母がいて、それが二人の出会いとなる。

だが、何年も顔見知りだったのにお互い何も感じないまま、母は三味線上達のため丸四天様へ上達祈願の日々。父も稽古に来ても、母に何の関心もなく自分がしてきたお見合いの話をしたり……。お師匠さんと母は、「あのケチは、どこでお見合いしてもダメだ」などと父の噂をしていたとか。その程度しか父のことは話題にしなかったらしい。

ところが母をこよなく愛したハナおばあさんは、母の行く末を心配し、直接父に、

「フー（母・房江の通称）をもらっておくれ」と、頼んだそうだ。

このハナさんという人は、母の親代わりのような人。母の実母は、母が三歳半の時亡くなり、ハナさんが母を自分の子どものように育ててきた。

ハナさんは、稽古に来ていた父を見込んで母を託したのだ。

父は、母親のつがさん（私の祖母）に、「お前が良ければいいだろう！」との了解を得た。父にしてみれば、素人で三味線の弾ける母の存在は、願ってもない相手だったのだ。

そして、昭和十二年（一九三七年）四月十八日、二人は結婚したのである。

## 育ての親

ハナさんは、飛行機のことを〝飛び行き〟と言う。文字は読めても耳が遠く、音は聞こえない。ハナさんは男まさりに息子の営む建具屋を番頭のように切り盛りしていたが、息子の辰造さんが知人から保証人を頼まれ印鑑を押したために、店をつぶしてしまったという。母の結婚も相調い、自分も一緒に住むつもりだったのにそうは行かず、孫の長女（私の姉）の出産祝いも、近くに借りた家から訪ねるという状況で、母はその恩義を生涯背負うのである。

ハナさんは、昭和十七年（一九四二年）に亡くなっている。母は、この育ての親ハナさんへの恩義を痛く感じ、「ハナさんの七十回忌をするまでは死ねない」と心に誓って生きていた。

父の姉は、お茶の水女子大付属の女学校へ通っていた。一方父は小学校だけで奉公に出された。父は、浅草蔵前の大塚信太郎という親方に仕事を教わった。私たちが子どもの頃、父の口から親方の話が出ない日はないほど、親方を尊敬していた。三歳の時に実父を亡くして、母親の言う通り奉公に出た父だったが、父親代わりの親方から、たいそう可愛がられたようだ。後年、父母と私たち四人でその奉公先だった場所へ行った際、父が頭を深々と下げた姿は今でも目に焼き付いている。

父は晩酌を欠かすことはなく、晩酌では母の父親、辰造さんの悪口をよく言った。再婚によって娘（母のこと）を不幸にしたことが許せなかったのか、自戒の念か、お酒の力を借りてなのか、「お前の親はどうしようもない」と始まるのが常であった。母も親の悪口を言われ、我慢しきれなくなり反発。私たちはその場から母を連れ出して慰めるのが常だった。

母の三味線出稽古は、近所のお妾さんの家、柏屋さんという三味線屋さん等。随分と家計に貢献している。父の仕事がない時は父を気遣い、松坂屋百貨店で暇つぶしをさせていた。母に三味線を習いに家に来る近所の人々の目を誤魔化すためだ。

父の仕事の注文を取るために重い見本帳を持って出かけ、営業活動みたいなこともしていた。神田吉本町の羅紗屋さんも母の外交でお得意さんになり、それと共に三味線の稽古にも通ってくるようになった。ＰＴＡで知り合った人、近所の人、大勢が習いに来て、年二度ほどおさらい会を自宅で開催していた。

母の気配りの気質は、幼い頃、継母にこき使われ、弟の手を引いておむすびをもらって歩いたり、質屋通いをさせられたことが、どんなこともできる自信になったのだと思う。

## 母の趣味

母は、ビーズで大きなバッグを作ったり、三味線のばちケース、父のタバコケースなどを手作りした。これらは義妹の荷物の中に沢山見つかっている。

編み物も得意で、父の股引《ももひき》から私たちの、いや、従兄弟や私のボーイフレンドにまでさまざまなものを作り、その数は百枚近くになるだろう。紀元二千六百年の記念写真に、長女（私の姉）が身に着けていたセーラー服の上下は母が編んだものだ。

八十歳を過ぎても、母の手指は絶えず動いていた。父は、母を常に自分の側に置いておきたく、そのためには編み物が一番の手段だったのであろう。多くの編み物を作ったが、自分の物はごくわずか。もっとも母は和服が好きで、安いウールの着物を楽しんでいた。

二人のお出かけは、父も和服で角帯をキリリと締め、純日本式で粋な夫婦だった。浅草寿町生まれでちゃきちゃきの江戸っ子の母は、浅草の三社祭、羽子板市、四万六千日のほおずき市などを楽しみ、また、「不老会」という趣味の会合も楽しみにしていた。毎月浅草公会堂で開かれるこの会で、浅草の旦那衆と芸を競い合っていた。母は趣味にはお金を使わずに楽しんだのである。

## 母のご馳走

〝テンヤモン〟（お寿司やラーメンなど出前を頼むこと）という言葉は、今の時代消えつつある言葉だが、父は、「テンヤモンは、てんやわんやする時頼むものだ」と言い、ほとんど頼まない生活だった。

アメヤ横丁で買ってくる三バイ百円のイカで天丼を作り、私たちに揚げ立てを食べさせたい母。子どもの足で三十分以上かかる本郷三丁目の相模屋へ、三十円のビーフカツをよく買いに行かされた。余裕もなかった食生活だったが、母の工夫で忘れられないご馳走となる。兄弟が集まると、母のイカ天丼の話になる。顔を見てから作ってくれた熱々の揚げ立ての天丼はとても美味しかった。

蔵前通りにある石橋（松阪牛の店）の細切りのすき焼き肉を買いに行かされるときは、「脂身をもらうのは肉を計った後に言うのだよ」と知恵を付けられた。冬は鳥モツの煮込みが多く、明神下の牛肉コロッケと忘れられないご馳走の話に花が咲いた。

余裕がないから、お菓子類は高砂屋のカステラの切り落とし。うさぎやのどら焼きは、父が仕事で、うさぎやの住まいの障子張をした時だけのお土産で食するだけだった。

丸い座卓を囲む食べ盛りの子ども六人、母の創意工夫は、どんなに大変だったか。父は母に、「藁《わら》でも刻んでおけ」と怒鳴ったこともあったとか。

父は仕事先で出されたお茶請けをその場でいただかずに包んでもらい、家に持ち帰ってそれを八等分にしてみんなに分け与えた。その大小に目を凝らす子どもたち。

「物差しを持って来い、秤も！」

そして「年の小さい者から」と言う父に、

「そのルールはおかしいよ。本当の公平は年齢の大きい順だワ」

と私は反論する。

賑やかな我が家の食卓風景である。

## 母の病

平成十一年から四年間、母は、悪性リンパ腫で日赤医療センターにお世話になった。散歩をしていて貧血で歩けなくなり救急車で搬送された。そこで一週間の命と宣告されたが、孫が調べてセカンドオピニオンを利用し、日赤広尾病院の先生に出会い、母は命を長らえることができた。

だが、苦悩の五年間であった。入退院を繰り返し、八十日周期で起きるテンカン発作。悪夢と恐怖の一年と、少しだけ余裕の二年間であった。そして二カ月ごとの外来診療となり、その都度元気になる母の顔を見て、「あと、五年位は大丈夫そうだ」と、主治医に言われたのは平成十五年（二〇〇三年）の九月だった。

母が死の宣告を受けた時、孫、ひ孫が連日この大宮の家へ集まった。母には、自分が死の直前にいる意識は皆無で、皆が来てくれるのが嬉しく、食事をして帰るよう気を回し、私にいろいろ指示を出していた。娘や息子たちが泊まり、私たちも子ども時代に戻ったように、兄弟姉妹がワイワイガヤガヤ、母の看病を楽しみながらやった。

入院は嫌だと拒んでいた母も、「敏ちゃんが一緒なら」と入院を受け入れた。あの時の母の言葉が、私の耳に強烈に残っている。

「敏ちゃん一人を残しては死ねない」

その一言で入院が決まり、母は命を長らえたのである。

セカンドオピニオンで、「一か八かやってみましょう」とSドクター。そこしか部屋が空いていないと、一日七万円の病室。母の腹違いの妹が半端でない遺産を残し、それを使うことで母は命拾いがより可能になったのだ。リッキサンによる治療のため、十一階の最上階の個室。母には部屋代のことは伝えず、私はただ黙々と病院のATMから支払いをしていた。

## 病後の自立

退院後、要介護3であった母は、二年間ケアマネージャーの出入りを断り、この一年は要支援という段階で、どこの世話にもなっていない。

病気発症時、自宅のトイレに這って行くのを見た妹は、車椅子を購入した。でもそれは、未だ物置に入ったままだ。病院から戻った後、家の中に手すりを付けようと大工さんを呼んだ時にも、「私は使わない、お前たちが使いなさい」と、強く拒否。

ケアマネージャーさんがお風呂を手伝おうとすると、「他人に体を触られるのは嫌だ」と断り、訪問看護も週一から隔週へと減った。

この一年は、誰の世話にもなっていない。

八週間に一度の外来ですら、母自ら担当医に、「まだ来なくてはいけないのですか?」と迫る。顔色も良く、シミなど全くない美肌。小柄で身も軽く十歳は若く見える。

睡眠薬一ミリグラムを夜の十時に服用し、朝方三時まで眠り、その後数回トイレへ行くが、側で寝ている私を起こしてしまったと気にして謝るので、私は眠っている振りをする。

年を重ねると日常生活に支障をきたす言動が起きるのは当たり前だが、母には何も起きていない。自分の足でトイレに行き、自分の手で食事をし、一人でお風呂に入り、これだけで十分なのだが、暇つぶしに散歩、民謡、歌舞伎、三味線……。

二十四時間、娘と二人の生活は、平穏で快適な何不自由のない極楽の毎日である。就寝前には、「ありがとう」と母にお礼を言われ、「こちらこそ」と挨拶を交わしている。

いずれ来る別れの日を考え、「フーさんがいなくなると、私一人だからね」と言うと、「大丈夫、私、死なないから」と。こんな会話を年中取り交わしている。

二十四時間一緒の生活でもストレスなど溜まるはずはない。かえって母と一緒でないと、私の方がストレスになり、十年付き合ったボーイフレンドとも別れた。それが功を奏したのか、ますます母は元気になり、姉妹も安心して母を私に預けるようになった。私は、母のために生まれてきたのだ、と。

私たち姉妹四人、母から三味線を教わり、長唄の曲、十数曲が弾けるようになる。私は母との密着の生活が長いので当然だが、妹たちには実家へ来ておしゃべりしていても仕方ないから、自分が死んだ後に姉妹同士で楽しめるようにと稽古をつけてくれる。こんな恵まれたことはない。月謝は要らない。もう一度もう一度と、何時間も分かるまでやってもらえる。

身内の稽古は互いに甘えがあって上手にならないとの定説はあるが、「母は怒ったことがなく、教えることが楽しみでもあるのだから、私たちは親孝行しているのだ」と、子どもが思い上がった気持ちになることもあった。私たち姉妹は母の胎内にいた頃から三味線の音を聞いているわけで〝門前の小僧、習わぬ経を読む〟である。

隣に住む姉、未だに仕事、仕事。毎日午後は仕事に出かけ、母は時々姉の家の留守番をしているようだった。二人の息子たちは横浜のお嫁さんの実家に住み、すっかり〝浜っ子〟になってしまったとこぼす。娘たちが顔を見せるのが、母の何よりの楽しみなのだ。二人の妹たちも母が大好きで、最近は母の民謡の稽古にも付き合い、母親との共通の時間を楽しんでいる。

郵便はがき

料金受取人払郵便

新宿局承認

2524

差出有効期間
2025年3月
31日まで
（切手不要）

160-8791

141

東京都新宿区新宿1－10－1

**(株)文芸社**

愛読者カード係 行

| | | | |
|---|---|---|---|
| ふりがな<br>お名前 | | 明治 大正<br>昭和 平成 年生 歳 | |
| ふりがな<br>ご住所 | □□□-□□□□ | | 性別<br>男・女 |
| お電話<br>番 号 | （書籍ご注文の際に必要です） | ご職業 | |
| E-mail | | | |
| ご購読雑誌（複数可） | | ご購読新聞<br>新聞 | |

最近読んでおもしろかった本や今後、とりあげてほしいテーマをお教えください。

ご自分の研究成果や経験、お考え等を出版してみたいというお気持ちはありますか。

ある　ない　内容・テーマ（　　　）

現在完成した作品をお持ちですか。

ある　ない　ジャンル・原稿量（　　　）

| 書　名 | | | |
|---|---|---|---|
| お買上書　店 | 都道府県　　　　　市区郡 | 書店名 | 書店 |
| | | ご購入日 | 年　　月　　日 |

本書をどこでお知りになりましたか?

1.書店店頭　2.知人にすすめられて　3.インターネット(サイト名　　　　　　)

4.DMハガキ　5.広告、記事を見て(新聞、雑誌名　　　　　　)

上の質問に関連して、ご購入の決め手となったのは?

1.タイトル　2.著者　3.内容　4.カバーデザイン　5.帯

その他ご自由にお書きください。

(　　　　　　)

本書についてのご意見、ご感想をお聞かせください。

①内容について

②カバー、タイトル、帯について

弊社Webサイトからもご意見、ご感想をお寄せいただけます。

ご協力ありがとうございました。

※お寄せいただいたご意見、ご感想は新聞広告等で匿名にて使わせていただくことがあります。

※お客様の個人情報は、小社からの連絡のみに使用します。社外に提供することは一切ありません。

**■書籍のご注文は、お近くの書店または、ブックサービス(0120-29-9625)、セブンネットショッピング(http://7net.omni7.jp/)にお申し込み下さい。**

母の米寿を"東山"料亭で祝い、母と四姉妹揃って三味線と長唄を披露した。

## 一卵性母娘

母は素直で繊細、敏感、良い意味で勝気、頭も良く、優しく名実共に美しい人。どうにも欠点が見つからないのだ。母は、出会い関わった人誰からも好かれたと思う。ちゃきちゃきの江戸っ子だが、品が良く、行儀も良くて、母を見習わなければと思うことだらけである。例えば言葉遣いにしても、「これ、食べる?」と聞く私に、「いただきますよ」と。

そんな母を育てたのは、〝耳の遠いおばあさん〟ハナさんである。母に琵琶、清元、長唄等のお稽古に通わせ、三味線の練習をする時、団扇で蚊を追い払ったりして支援する一方で、まるで我が子のように、布団の上に乗る母を物差しでピシャリと打つ。そんなふうに厳しく躾けたりもした。

また、自分の息子の後妻にお金を払ってまで母を引き取ったり、その息子(母の父親/辰造さん)の不甲斐なさを、散々お酒の肴にしていた私の父。その父の気持ちもよく理解していたようだ。

平成十年（一九九八年）の父の死後、ここ十年〝一卵性母娘〟と自負する離婚した娘の私と幸せな日常を送る。経済的に何の心配もなく、食べたいものをいつでも食し、行きたい所（八月は歌舞伎座に三回、九月は箱根千代田荘に宿泊）へ行き、毎朝仏前で「人の悲しみは我が悲しみ。人の喜びは我が喜び」と念仏を唱え、毎日を送っている。

この念仏には、「小鳥や花が誰にも惜しみなく与えるさえずりやその美しさ」や「自分にできることを他人に与える喜びや大切さ」を説き、「憐れむと命は貧しくなる」という意味が込められている。

母は、九十三歳の浦和の友人を訪問し、浅草の「不老会」の友人や自分の弟子が亡くなると、その友人を思い出しては墓参する日々である。今のままの元気さで、この幸せな気持ちのまま、人生を終えられればと祈っている。

母の九十数年の人生は、耳の遠いハナおばあさんとの二十年、伴侶（父）との六十年、娘との十数年だった。巳年生まれでお金に苦労したということなく、気持ちの明るさ、穏やかさ、前向きの性格が、今の母の幸せをもたらしている。

年齢を尋ねられると二十歳ほどサバを読み茶目っ気を見せる。腹違いの妹の遺産も、そんな母に入るべくして入ったもの。決して宝くじで当たったというような運の良さだけではない。母は受け取るべき人生を歩んでいるのである。

私が離婚し実家に帰った時の母の喜び。母の病気がきっかけで、英語教室は湯島、大宮、品川は辞めたが、すべて得たものばかり。何があっても失うものはない、と一日一日を大切に過ごしたい。長生きの秘訣など何もない、と母を見ていると感じる。

あと一週間の命と宣告されても諦めなかったのが運を呼び、セカンドオピニオンが名医と出会わせ、抗がん剤が効き、外来に通うようになると、湘南ラインが開通。そうなると、電車はグリーン車、住まいの大宮の土呂から広尾の日赤までタクシーを使ったり（数十回）と、贅沢ができる。みんな母の素直な穏やかな性格が運を導き、長生きできるのだ。

必ずやってくるXデー、神のみぞ知るのである。その時、平常心で、

「フーさん、ありがとう！　フーさんの娘で幸せでした」

と言って、あの世へ送りたい。

二カ月の間、毎朝一時間ＰＣの前に座り、つれづれなるままに書き連ねた。

父が生きていた時、父の若かりし頃の写真を持ち歩き、「ディス　イズ　マイ　ハズバンド」と自慢した私。母と二人きりになると、母が愛おしく〝一卵性母娘〟を自負する私。

両親のことを書き留めておくことは、七十二年間の幸せの証。私は、両親がどんなだったか書き留めておくことに意義を感じている。

そして、〝十億の人に十億の母あり〟だが、「我が母に勝る母なし！」と結びたい。

# 私の章

## もういいかい？　まあだだよ！

## 私の人生の始まり

昭和十六年（一九四一年）、太平洋戦争が始まった年、私は次女として東京下町の湯島で生まれた。私の幼年時代の写真は一枚もないが、戦後親戚から戻って来た写真で、当時の北川家（父母・祖母・長女）の写真は、なんとも中流以上の暮らしを物語るような四年間くらいの写真がある。

経師屋の年季奉公が明けて母と結婚した父は、毎月写真屋さんを自宅に呼び、写真を撮っていた。一人応接間でポーズをとる父。机に肘をつき、洋装で中折れ帽子を被った一枚。お祭りで本物の入れ墨のように見える彫り物を両腕に施し、大工の友人と腕組みをした鉢巻き姿の粋な写真。

和服姿で女優さんのプロマイドのような母の写真もあった。

母の手作りのセーラーカラーの服を着て、紀元二千六百年の旗を持って微笑んでいる長女。写真屋さんのショーウインドーに飾られたこともあったと知る。

祖母も七段飾りの雛壇の前で、父、長女と三人で並んで写っている。

アルバムが語る戦前の貴重な写真である。もちろん、私の幼年時代の写真は皆無だ。若かった父母は、湯島、蔵前通りと湯島天神の間に位置した十二坪の土地に所帯を持った。なんとも幸せな新婚生活だったかが窺える。

父が徴兵検査後、見送られて出征する日、たすきをかけて撮った写真がある。まだ幼い子どもたち（弟一歳、私三歳、姉五歳）も並んで写っている。私たち三人きょうだいの幼かった写真である。

昭和二十年（一九四五年）三月十日の東京大空襲は、横根坂上の家を丸焼けにした。母の象牙の白ネジの三味線（これは横山大観の愛人が持っていたもので、母の友人が仲町通りで絵具屋をやっていて、その伝手《つて》で譲り受けたもの）や、七段飾りのお雛様――みんな灰になった。私は三月十日の空襲の時、祖母（つがおばあちゃん）の押す乳母車に乗せられて逃げ惑う中、父母と離れ離れになった。父は「北川つが、つがー」と大声で捜し続け、妻恋神社の境内で二日後見つけられたという。

父母と姉、弟の四人は、蔵前通りの防空壕の中で生き延びた。その後、「赤紙」で徴兵された父は、横須賀海軍歩兵隊から半年後に帰され、戦後を生きぬいた。父も母も、六人の子どもを育て上げ、その子たちも家庭を持ち、自立している姿に満足していただろう。

父は六十歳になる前、他人様の大切な物を預かり、その品を上手に扱う自信がなくなり、余生を楽しもうと考え、引退して湯島から大宮へ移った。庭をやりたかったのだ。

母は編み物、そして二人で長唄の稽古に東京へ通い、団体旅行だが、北から南まで行き、家で〝じーっ〟としていることはなかった。

長男の持つ軽井沢や川奈の別荘にも訪れている。八十七歳で亡くなる二カ月前、家族で鬼怒川《きぬがわ》へ出かけた。平成十年（一九九八年）十月十日十時十分、妹の連れ合いが記念の電話をしている。

母は頑迷な夫に六十年追従。父没後は娘たちと毎月の温泉旅行や好きな歌舞伎（桟敷席）に出かけ、三味線でカルチャースクールのパンフレットにも載る若さと元気さである。その母の生き方が、「あなたは、まだ八十歳で何弱音を吐いてるの！」と私を鼓舞する。

私は六人きょうだい（女、女、男、女、女、男）であるが、姉と私は本郷の東大病院で生まれた。他の四人は千代田区の浜田病院で産湯を使った。一番下の弟は私の一回り下の巳年生まれ。今年七回忌を済ませた。

次女である私は、一番下の弟が生まれた時のことをはっきり覚えている。浜田病院産科は、今では高級な婦人科病院だが、その頃はまだ看護学校という今の前身の病院だった。その時父は、湯島小学校の講堂で映画を観ていた。私が「男の子が生まれたよ！」と知らせに行くと、父は満足げだった。「男でも女でもいい。元気な子なら」と言っていたが、やはり息子を望んでいたのだろう。満足そうに返事をしただけで、映画が終わってから会いに行ったのを覚えている。

お茶の水駅のすぐ隣にあった浜田病院看護学校の先に父が建てたバラックの我が家は、駅から歩いて十分の距離。天神様の通りの空き地で、大工さんのように柱を削っていた父の姿があった。姉と私、上の弟は湯島小学校へ〝ぞうり袋〟を提げて通った。その帰り道、焼け跡にバラックを建てている父の仕事を見ながら帰った。私たちは親戚のいる板橋や母の実家のある埼玉の明覚へも疎開していたが、父は泊まりがけで、湯島の丸焼けになった十二坪の土地にバラックを建てたのだ。隣のおじさんに柱を押さえてもらい、外装にはペラペラの木材を張っていた。父の作ったガラス戸の枠も角材が細いため、台風が来るとその枠を子どもたちで笑いながら押さえた記憶がある。

二軒目の家は、すぐ裏に住む大工さんに頼み、二階建てのモルタルの家を建てた。二階にしたのは、間貸ししてその建築費用に充当するためだった。その時の仮住居は隣地の空き地へ丸太で引きながら移動した。何カ月くらいかかったのだろうか。

昭和二十九年（一九五四年）完成の湯島小学校の通りの二階建てのモルタルの家。その前で一家八人の記念写真を撮ってくれたのは、滝浦先生という我が家の二階の三畳間に下宿した高校の女の先生だった。横根坂上、陸屋根《りくやね》という屋上のような屋根に上ると、富士山はもとより隅田川の花火、坂の下にあるお屋敷の豪華な日本庭園も見えた。お正月には立派な門松が豪壮なお屋敷の檜門によく映えていた。

新花町通り、三組町通りに面したガラス戸の我が家の入り口には〝表具師〟と書かれた勘亭流の文字（父が障子紙に書いたもの）が三枚の素ガラス戸に一文字ずつ貼られていた。

仕事場と土間との框《かまち》が二間ほど、その框の上には厚さ五センチほどの二畳分はある大きな「お板」がある父の仕事場だ。その「お板」は表具を行う台で、掛軸や屏風の中の絵を裏打ちしたり、襖の縁《ふち》打ちなどはその横の空間でやる。父が木槌を持ち、片脚を上げて襖を押さえ、その後ろで母が襖の本体に縁を上手に入れ込むようにお腹で押さえる手伝いをする。その時、長唄・鏡獅子の二人の鼻歌が聞こえてくる。

その後方は生活空間で、台所と丸テーブルのある茶の間、子どもたちの三段ベッドのある部屋など、十二坪の敷地に仕事場と八人の家族が暮らす生活空間であった。そこには丸窓もあり、その窓に障子が入り、父のセンスがあるからこそできる間取りであった。だが、父母はどこに寝ていたのか、思い出せないほど狭い家であった。

二階の三部屋は間貸しで、六畳の二部屋と三畳間の一部屋。一つの狭い台所を三人の住人でシェアする。トイレも一つだった。店子は何代か替わったが、愛人、高校の女教師、秋田から駆け落ちしてきた夫婦、日本大学で事務をしている母と娘、陶器店に勤める歌舞伎通の男性などの住人がいた。そして、私たち六人の子どもは、この木造モルタル二階家で、それぞれの人生をスタートさせた。

私もこの家から、芝神明の大きなスーパーの若社長の元に嫁入りした。

# 私の出直し

私は三十歳で離婚。三年間の短い結婚生活であった。「私の人生、こんなのはイヤだ」という強い思いからであった。

離婚した私を、父は「出直しの娘です」と人に紹介した。決して「出戻り」とは言わなかった。〝出直し〟の私は英語を学ぼうと決心した。背中を押してくれたのは父である。

もともと父には、語学を身に付けることが大切という発想があった。それは戦後、進駐軍でカーペンターとして働いた経験から生まれた。父は語学が不得手のため、賃金などかなり搾取されたという。それ故、語学の重要性を痛感したのだろう。

私が中学生になった時、昔で言う〝寺子屋〟を店先につくった。そして近所の子どもたちを集め、東洋英和の学生に頼んで講師になってもらい、父の手製の大きなテーブルで、子どもたちは一年ほど英語を学んだ。

「語学の勉強は、その国へ行って生活することが手っ取り早い」と言ったのも父であった。ロンドン行きを決めた私のために、父は町の信用金庫へ資金を下ろしに行った。そこの銀行員の義妹がロンドンにいるとのことで、その義妹を紹介してもらった。

ロンドンでは一年間フラット（平屋住宅）を借り、アルバイトをしながら語学を学んだ。その間尋ねて来た父と母は、四十日もここに滞在し、日本へ帰る前には、三人で英国を始めローマ、スイスなどへの旅行を楽しんだ。二人はアンカレッジ経由の飛行機から〝オーロラ〟を楽しんで帰っている。

ロンドンから帰国後、私は四谷の日米会話学院へ入った。そして英語教師となり、私塾を開いたのである。姪や甥が友人たちにも声を掛けてくれて、私の英語教室は盛況で、三カ所もできた。地元の湯島では、私の学友の子どもたちが集まってくれた。何せ駆け出しの泥縄先生だったが、懸命に頑張った。

離婚後は再婚など全く頭になく、私は自由奔放に生きてきた。この間、父母は住まいを東京から埼玉県に移し、大宮の土呂町に変わっていた。アメリカへ行く時は、その当時土呂駅がまだなかったので、一つ先の東大宮駅まで大きなトランクを引きずって行き、成田空港まで電車を乗り継いだ。

父は壮年期を過ぎ、人生の道筋を決め、六十歳には湘南に住みたいと土地を探していたが、長姉の連れ合いが探してきた埼玉の土地を購入することになり、入札で落札した。産業道路と第二産業道路の間、見沼田浦、東北本線が通り、すぐ近くには見沼用水、その先には芝川が流れ、東側は住宅地にはできない平地が広がる。そんな環境の土地を八十坪ほど買った。五十坪を住まいと物置に当てた。その物置が私の英語教室になった。

兄は独自で電気工事会社を創り、父は自分の土地で庭づくりに精を出し、母との老後を楽しもうと、湯島の家は貸して私の管理となる。

私の英語教室は、湯島のほか、妹の尽力で品川にも教室を起こしてもらい、土・日には大宮教室と東奔西走。まさに私の黄金時代だった。月謝のお札の束を笑顔で数える私を見て、「いい時ばかりではないゾ！」と、父は常に警告してくれていた。

この英語教室は、今は四季移ろいの家具やカーペット、ストーブ、よしず、すだれなどの他、父の作品（屏風や小引き出し、小簞笥など）の保管場所となっている。あと何年先か分からないが、この家で父の庭を眺めながら死ぬことが、私の目標だ。在宅介護を頼んででも、どんな事をしてでも、この家から旅立ちたい。

妹が〝大宮の兼六園〟と呼ぶ父の庭には、琴柱の灯籠、池を掘り太鼓橋を渡した池、軽井沢・鬼押し出しの石、その崖から流れる滝、柘植の木、紅葉、雪見灯籠と、当時の面影はだいぶ変わってしまったが、年に一回は庭師に樹木を剪定してもらって、あと十年位はキープしたいと、今朝も雨戸を開け楽しんでいる。

この時期、何度かロンドン、米国へも旅行したが、当時憧れであった旅行作家の兼高かおるさんの刺激もあり、オーストラリアへも一人旅をやってのけた。がむしゃらな性格とツキのお陰である。

私の旅行好きは、母没後も私をスペインへ二度、そして近年もニュージーランドへと駆り立てた。

# 私のこれから

すでにこの世に不在の父母だが、私の中ではいずれ逝く瞬間まで父母の人生を追い求めていきたい。幸い日常の心情を認《したた》める習慣が今でもあり、八十路を過ぎてから書くことのチャンスをくれたのはベストフレンドのR氏である。

父が八十歳を過ぎた頃、「歳は取りたくないが、これからの人生、面白くなくても面白く生きなければならない。迎えが来るまで」と呟いていた。そして父は、自分の死を目前にした時、「人間の死は輪廻である」とも言った。

そんな父母の性格を受け継いでいるのか、現在私は週二回のデイトレ、習字、長唄、ヨガなどの稽古事、月二回は東京銀座へ出かける元気さである。二本のストックを使い、平均六千歩の脚力と意欲はまだある。

それに加えて、九十五歳（現在九十七歳）のベストフレンドと、旅行だ、食事だと会い、お互い楽しんでいる。九年前出会った時と同じ気持ちで……。

私の長い独り生活、破天荒さが大勢の友人をつくり、ボーイフレンドも沢山いて退屈という暇がなかった。その裏返しに、「歳を取る」ということ、八十歳を過ぎ、生活すべてがスローになり、横着になり、安易を求めることが多くなった。今日は何をしたか？〝食べることだけ〟、それも〝美味なものまで不味くして食べる〟という生活。

父はまた、「お前たちもこの年になれば分かる」とよく言った、〝いい加減〟な生活しかできなくなることを認識し、辛くなる。

それに比べ母は、「敏ちゃん、散歩しないでいいの？」と自ら率先して〝外《そと》さん〟になり、妹たちがやって来れば、「おしゃべりばかりしていても仕方ないよ。三味線やっていきな。年取ってから楽しみだよ」と三味線を教える。

父が母を独占したく、母の行動は父の側《そば》での編み物（父や子どもたちに編んだものは数十枚を超えるであろう）、病床にいても、左手の三味線を押さえる指は動いていた。そんな立派な母だから、九十七歳まで生きたのだろう。

ストイックに自由奔放に、私は幸せな八十年間を生きてきた。その記録を他人《ひと》に読ませるのではなく自分のために、老いてからのことを綴り始めて足掛け三年。時折、まだあれもこれも残していきたい事柄が出てくるが、きりがないからもうこの辺でやめておこうか。

八十歳の壁を越え、最近の心身の衰えを実感すると、この辺で区切りをつけるのが得策かと思う。何十年も父母の愛情に包まれて生き、その後、その余韻を楽しむ今の私。その証を残せる自分に〝感謝〟という言葉しかない。連れ合いもなく、子どももなく、苦しかったことは何も思い出せず、一人っ子のように両親を独占していた。

ここ四年、膝関節症で人工金具が入ってから、両杖をついて歩く。お陰様で電車にも乗れて、東京へも旅行へも行ける。最近バネ指で痛みはあっても、三味線は弾ける。三度の食事は、レトルトや冷凍食品で済ませ、手料理などはほとんどしないが、それで満足。縛られない（金銭的にも時間的にも）生活。良い友人にも恵まれ、もちろん年々数が減っていくが、「転倒だけは気を付けて」と自分を戒め、最良のお手本のR氏の長寿が、私を鼓舞する。

こうして私に今、沢山の友人がいるのは、父母が生活の中で多くの友人たちに囲まれていたことが根幹なのだろう。「人の出入りのない家は駄目だ」と、湯島から大宮に移住してからも、東京から大勢の友人が来た。

父の庭好きは小堀遠州の影響、画は日本画の福田平八郎に傾倒していた。

母が英語を教える私を評した「泥縄先生」という言葉。

「もういいかい？　まーだだよ」は、R氏九十六歳の言動。

「念ずれば花開く」の言葉は、書道のK子先生が筆で手本を書いてくれた。

人生の棚卸し（自分が生まれた時から八十年間の）をしながら、これを終活にしようとスタートし、足掛け三年。今年（令和六年）には完成させたいと、その過程でデイトレの友人に、つい自分の父母の自慢話をして自分の愚かさを感じたり……。

先日十年ぶりで、ひょんと小学校時代の友人Tに電話すると、「敏ちゃん、声変わっている」と言われ、はたと気が付いた。デイトレでカラオケを歌い、まだ「声は出ている」と、楽観視していたが……。ペンを持つ親指のバチ指、心身の状態が自分で〝老い〟を意識せざるを得ない現実。母はこの年齢の時、どうだったのだろうか？　何もこぼさないし、老いた様子を見せなかった。

私の一日の始まりは、まず仏様を拝む、ラジオ体操、スペイン語、長唄、三味線、習字、ヨガと、その時々、自分の作ったそのルーティンの規制に苦しくなり悩む。そんなに急いでどこへ行く！　と、時々反省しているが直らない。若い時、私の日常は「芸能人並みの忙しさネ」と言われた。

友人にも事欠かず、近所や遠方の方と交流する。そして、東京へも月二、三度出かけられる脚力もまだまだ。

自分の死後私の家に妹たちが集まり四人で三味線を弾く姿を思い描いた母。何と素晴らしい母だったか。

現在の私の年齢時、父母はどんな人生だったのだろうか。六人の子どもたちには、「家賃を払わずに生活するため、〝自分の家〟を持ちなさい」と言っていた。それに応えて、子どもたちは〝自分の家〟を持つ。

父は小僧時代、親方の娘さんの三味線に魅了され、稽古場で母と出会い、その出会いが結婚に繋がった。生涯を通して趣味が二人を結びつけ、六十歳前後に大宮へ移ってからも東京へ稽古に出向いていく夫婦だった。

どこまでも父を追っていく母。二人で旅行すると、母の破天荒な振る舞いに、「亭主の顔が見たい」と言う人に、「俺だよ」と父がスーッと顔を出す。あうんの呼吸の夫婦なのだ。頑迷な父を見送った後の十六年、歌舞伎だ、旅行だと娘四人と趣味を満喫する母。その母の偉大さを毎朝思い出し、私も母を見習わなければと思う日々である。

四人姉妹の平均年齢は八十歳で全員元気。「これは奇跡だ!」の妹の言葉に、ハッと気づいて、「どこまでこの四人の奇跡を延ばそうか」と、意気込む私である。

# 私の交友録

　ある脳科学者が「運は、百パーセント自分の行動で決まる」と述べているが、人との交流も同様と思う。自ら行動することによって磁石のように縁を引き寄せ、交流の輪を広げるのだ。

　高校時代、私は教育実習に来た東京教育大学の学生と恋愛した。背が高く、三つボタンの背広を着こなし、同級生らがその姿にキャーキャー騒ぐような憧れの存在であった。学校から十九番の都電に一緒に乗り、私たちは湯島二丁目で降り、停留所で右と左に別れた。先生は聖橋を渡り、御茶ノ水駅から大磯へ帰る。

　そんな一年間を過ごし、私が丸の内の会社に就職してからも、彼と電話で連絡を取り合って、二年ほど交際が続いた。休日には私が大磯を訪れたり、お茶の水でのデートも連日。線路近くの喫茶店で、ジョッキのイチゴミルクを飲みながら、カール・ブッセの詩「山のあなた」をドイツ語で教わったり……（今でもその光景が浮かぶと心がときめく）、薔薇色の日々であった。

そんな初恋は、大磯から彼の母親がわざわざ出て来て、二人の交際を認めさせようとしたのにもかかわらず、父の厳しい交際の規制で実らなかった。

その後、結婚するも三年で離婚。私は一人ロンドンに行くことになる。「留学」と言うと格好いいが、西も東も分からず、どう生活していこうかと考えていたら、父が懇意にしていた銀行員の義妹がロンドンで生活していて、ロンドンでの滞在先を提供してくれた。その知人がランドレディ（大家）のクルーガーさんを紹介してくれて、そこで一年。父母はそのフラットに四十日間一緒に住んだ。クルーガーさんは日本が好きで、その後も交流が続き、来日の折は、私の家を〝日本の宿〟としていた。

後に、このロンドン生活での語学力があったので、日米英会話学院へも入学でき、そこで出会った小野先生のお陰で、アメリカ横断一人旅もできた。

学院卒後は独立して英会話塾を開いたが、その際、この〝泥縄先生〟を支えてくれた友人たちとは今でも交流を重ねている。塾の大先生（私の旅行中、生徒たちを預かってくれたお陰で、私は塾を継続できた）はじめ、現在も五十年前の日米の友人との交流は、私の大きな力になっている。

懐かしい友人たちにも触れてみたい。

ついこの間、他界されたS氏。彼とは高校卒業後、お茶の水外語学院で出会った。彼は、湯島聖堂や作家大佛次郎の書生だった。友人のN子さんと一緒に八年前、彼の故郷である熊本県の人吉を訪れ、与謝野晶子の滞在した鍋屋旅館を紹介されたり、彼と球磨川下りをした。せっかく親交を復活させたのに、残念ながら去年亡くなってしまった。

津田英語会の友人T子さん。プレスリーに会いに一人アメリカへ飛んだ積極派。この友とは、その家族と一緒に韓国旅行している。

水泳仲間のNさん。新宿Doスポーツで会い、チーズフォンデュ・パーティーにたびたび呼んでくれた。身寄りがなく湯ヶ原の施設で亡くなった。ガンと宣告されても治療せず、特養で私と電話しながら……。

小学校の担任で、父と友人のように親しかったY先生。私の初恋相手を「人生決まっているんだ。悩んでも仕方がない」と、諦めさせてくれた恩師であった。

Hさんは、私が母の死をきっかけに会員となった座禅道場で出会った友人だ。その道場の、会費徴収のやり方を批判していたHさんは、私の趣味・長唄での国立劇場出演に膨大な費用がかかることで日本伝統文化も批判していた。でも、私の湯島の家の店子の不法滞在には弁護士の助言をくれて守ってくれた。つい四年前までコンタクトがあったが、いつの間にか他界されていた。彼も東大出であった。

九十一歳になるM子さんも、私の大切な友人だ。二十五年前、母が稽古で通った民謡の師匠の奥様で、近所でもあり、週一回くらいおしゃべりに出かける。そのご主人（師匠）は、白寿（九十九歳）のお祝いをした。

M子さんと同年齢、九十二歳のI氏。彼は昼食を共にする友人。もう二十年も前から歌舞伎座の会員で、私と母のためにチケットを取ってくれる。

三年前亡くなったN子さんは、聖路加病院の名誉院長だった日野原重明先生の緩和ケア病棟に入院していた。私が膝関節人工骨手術で入院している時には電話し合っていたが、そのうち「もう電話機が持てなくなったの」と。それが最後の会話だった。

もう一人、高校時代の友人H氏は、東大から旭ガラスに入社。定年後は再び東大法学部で勉強した。かつて湯島の家で間貸ししていた時、家賃を払わず居座られた人がいたのだが、その際、家賃の取り立てに奔走して家主の私を助けてくれた。私が大宮での生活になってからも、時々東京から来てくれたり、長唄の会にも駆けつけてくれる。だが、今年、連絡を取った後、まもなく旅立ったという知らせが届いた。

剣舞の友人K氏とは、岡崎城での剣舞の大会に一緒に出場した。詩吟をしていた彼のご両親と妹さんとは、諏訪大会でご一緒した。そのK氏の家にも私はN子と伺っている。だが、この一年連絡が取れなくなっている。

五十年前、四谷の日米英会話学院に通った時の友人は、ご夫婦そろって長唄の会（国立劇場）へ来てくれる。先日も日本橋三越の近くの有名料理店で、同窓会と称して私のベストフレンドを含めて六人で楽しい時間を過ごした。

## ベストフレンド

私の外国行は十数カ国に及ぶが、全部が英語圏であった。母の死後、スペイン語でもと、カルチャーセンターに通い始めた。R氏とはこのスペイン語教室で出会った。

R氏との出会いは、私の残された人生（二十年？）を満たしてくれている。

R氏は昭和三年生まれで、現在九十六歳。「僕たちはベストフレンドだ！」と言う彼はすごい経歴の持ち主で、付き合い始めた時からはもちろんだが、今でもビビってしまう。こんな立派な人に出会って、自分はついていけるだろうか、と。

R氏は、江田島の海軍兵学校を経て、帝国大学（現東京大学）、そして大蔵省に務め、その仕事場（調査のためにこもる宿泊所）で奥さんと出会い結婚した。奥さんは二十年前にクモ膜下出血で他界されている。七十二歳を過ぎてもつまらない質問をする私に興味を持ってくれたのか、以後スペイン旅行への同行を申し出たり、私のシャンソンの先生から韓国語を始めたりと好奇心の強い人だ。

R氏は、ピアノ、シャンソン、ダンスのほか、カルチャー教室で『源氏物語』の英語版、スペイン語のラジオテキストを持ち歩いている。ドイツ語もできる。大学で第二外国語はドイツ語だったとか。

オールマイティーなのに知ったかぶりなど皆無。博識なのに知識をひけらかさない。そして、学び続けることを決してやめない。生まれつき向学心旺盛で、心身共に健康。心臓にステントも入り、糖尿の値もクリアし、内臓の手術も医師がギリギリで手術を避け、本人の意思に任せたとか。掛かりつけの先生に「百歳くらいまでは大丈夫そうだ」と、お墨付きをもらう現在である。

このR氏との出会いは、私に大きな幸せを総決算させている。この本を上梓する機会を与えてくれて、生きる気持ち――〝この本の完成なくして死ねない〟という思いを強くしてくれた。

私のいろいろと逸《はや》る気持ちにブレーキをかけて、「何でもいいんだよ」、「そういうこともあるよ」と言ってくれる。決して「ダメだよ」と批判はしない。

つい先日、七年目にして一度だけ注意を受けた。独り身の私の高を括った行動を注意されたのだ。信号を無視したり、歩道でない所を歩く私を強く注意してくれた。

毎日その声を聞いただけで癒される人。その人との行動はあの世にも共に行きたい行脚である。

二人で機会を得て旅行を計画し、箱根の某旅館を皮切りに、すでに百カ所近く旅した。二人で新幹線を使って、ある時はバス旅行と、私の体調を考えてスケジュールを組んでくれる。二人の初めての旅行には、ハーモニカを持ってきて楽しむ少年っぽさもある。

一カ月前の福島の岳《だけ》温泉では、R氏がニトロを持ち合わせていて助かったが、それがなかったら、私はどうなっていたか……。

毎年十二月になると、R氏は学生時代から欠かしたことのない「第九」の演奏会に行く。私もここ五回ほど誘われて行くのだが、この曲を聴くと、共にこの一年を無事に過ごせたという思いで感慨無量になる。また今年も二人で、サントリーホールへ「第九」を聴きに行きたい。

また、R氏はとてもまめなところがあり、私が膝関節症手術の後、デイサービスに通い出すと、「自分も」と通い始めた。私の〝和〟の趣味にも付き合ってくれ、長唄、歌舞伎なども一緒に行く。私の国立劇場出演では受付をやってくれたり、歌舞伎座、新橋演舞場にも付き合ってくれる。旅行にしても、当初は月二回ほどであったが、今では二人でほぼ毎月一回、私の姉妹と一緒の奥多摩旅行にも参加する。

二人で過ごす時間は、まさにこの世の極楽。R氏の九十五年という人生からみれば、一割にも満たない出会いだが、この老齢の私が、R氏と共に行動することで、自分も生き延びていると感じている。折々に、私を亡くなった奥さんと同じ評価、「ひまわりみたいだ」と言ってくれる。こんな褒め言葉、最高ではないか。

母の没後、私の人生の終盤に現れたR氏。一回りと一歳年上の辰年である。母は悪性リンパ腫の手術から寛解し、私と二人での沖縄旅行や毎月母娘五人の箱根旅行に出かけていた。また、私の友人たちと一体となり、じっと家にいることのない母だった。

その最愛の母を亡くした後、私が正常な精神と体力でいられるのは、R氏がいたから。私の友人や姉妹とも普通の交わりができる人。母の代わりをしてくれている。

「もう、いいかい？」

「まあだだよ！」

私にその言葉をくれて、その通りに生きている人である。

# 私の経済学

私はあまりお金に苦労したことはない。イギリス留学時代、チラシを配る仕事をビクトリア駅でやったことはあるにはある。

干支は〝巳〟で、母と弟も〝巳〟で、一家に三人も巳年がいると「お金に苦労しない」という言い伝えがあると聞く。母が二回り上の巳年、弟が十二歳年下の巳年だ。ちなみに、この弟の七回忌を今年行う。

母の腹違いの妹は、父が亡くなった同年に他界し、遺産が母に入った。その時母は悪性リンパ腫で日赤病院に入院中だったのだが、一日数万円の個室に入院できたのも、この叔母の遺産のお陰で、母の命を救うべくして生じた遺産であった。常時付き添う姉に主治医は、「お父さんはどんな職業だったのですか？」と尋ねたという。

「お金は魔物だ」という言葉を発したのは父。まさにその通りだ。母が入院中に発覚したその出来事によって四～五年間以上、母娘断絶に近い日々が続いた。その確執は残したくないという母の毅然たる態度が母娘の関係を戻し、病気寛解後、母の寿命を十年延ばし、母娘五人全員で、数十回の旅行や歌舞伎、長唄を楽しむことができた。母が九十歳を過ぎてからである。

そして、結婚していない私（敏子）がその大半を相続することになったのだ。母は、「敏子に全額を」と遺言に残し、逝ったのだ。だが、遺言書は封をされたままで遺産分割となった。「金の切れ目は、縁の切れ目」という言葉を上手に解決した母と私。毎月の出費を概算し、「親の残したお金、上手に使っていこう！」と、生きるお金を使うことが、私の権利と義務と確信した。他の姉妹にしては面白くないかもしれないが、〝寄付が一番〟と何か事が起きると、多額の寄付をする。

母は父の死後、父の残した資産を家の修復、そして事あるごとに寄付（自分が子どもの頃、弟の手を引き、おむすびをもらって歩いた時代を思い出したのだろう）をした。

九十歳の時に私と沖縄を旅した。父とは団体旅行が主だったが、私とは二人で四国や姫路、そしてほぼ毎月のように箱根の強羅荘や千代田荘へ、娘たち四人との旅行を楽しんだ。箱根へは登山鉄道でなく、小田原からタクシーで行く。歌舞伎座も、会員である近所の友人に取ってもらった桟敷席での鑑賞と、そのお金の使い方は実に見事であった。

母の死後、私も母のお金の使い方を見習った。国立劇場への出演のため着物を新調し、人間国宝の主催者のもと、大枚はたいて出演した。友人も大勢招待し、長唄を楽しんだ。

その行動力が長年の友情を支える基本になったのか、五十年以上の友人の同窓会や食事会、また、箪笥や茶箪笥の銘品を購入して、独りの生活を楽しんだ。鳥取砂丘への一人旅、二度のスペイン旅行、カルチャー教室でスペイン語をはじめ、シャンソン、書道、ヨガとお金を使った。末弟が江東区の有明病院に入院した際は高額を寄付した。

三年前から資産の使い方を考え、できるだけ寄付に使うようにしている。東日本大震災、熊本地震、医師としてアフガニスタン復興に尽力して殺害された中村哲さん、そして、今年の能登大災害へも寄付をした。お金を使う一環として、この本も出すこともする。

## 母から教わった時間の観念

探し物の時間――八十歳になってから増えた。元の場所に納める習慣をつければいいのに……。

食事を作る手間――食いしん坊の私は、料理下手で良い材料も不味くしてしまう。調理する手間を惜しむから……。三度三度の時間が面倒だと、買い置きしたものをただテーブルにのせて箸を持つ。手間をかければ美味しくできるのに、手間を惜しんで不味いものを食べる。

三味線を練習する時間――三十分でも小一時間でも毎日やればキープできるのに……。せめて週一位でやれば楽しめるが、月一回位だと疲れるし、集中して楽しめない。

使えるクーポンはどんどん使う――旅行クーポンが今月いっぱい。無駄にできる額ではないと、姉妹四人で額を合わせるも決まらない。そして、一週間後、伊東の小涌園に決まる。
テレビを見る時間――録画機能で興味あるものだけ選んで見る。
友人とのおしゃべり――スマホもラインを使うと、相手の時間を拘束せずに要件がほとんど足りる。友人とおしゃべりしてでも、感性が自分と合い、意気投合する人との出会いがある。

今年もらった年賀状数十枚、一つ所にまとめておけばいいものをさんざん探し、その手紙類の中を見始めて数時間、探しているものが見つかってもいい時間となったと思いたい。有効な時間、無駄な時間、深い時間、つまらない時間、勉強の時間……。

母との時間は、どんな時間も光っていた。九十七歳まで無言の光る時を、私に浴びせてくれた。特に九十歳の時、二人で沖縄・竹富島に旅行した際、私の感謝に、「あんたがいるから元気でいられる」と。それ以上多くを語らない母だったが、母の言葉がその明るさ、楽しさ、強い生きざま、温かさだけを、私に残してくれた。

お祭り、三社祭、神田祭、湯島天神の祭り――神輿を見る時母はいつもこう言った。

「ただ黙って見ているのではダメ。〝ワッショイ、ワッショイ〟と、声を掛けるんだよ！」

父の葬儀場・火葬場では、私たち子どもを「いつまでもメソメソしているんじゃない」と叱咤。母から叱られたのはこの一度だけ。父の火葬場でのあの一言だけであった。

そして無言の行動。大宮では道路上で動けなくなっている高齢の女性に、「お体を労《いた》わって」と、そっとお金を渡す母であった。

お金の使い方も学んだ。日常の出費に関して一切注意を受けたことはないが、大きなお金の使い方では、知り合いのリヨンの染色家の高額なショールを「高いから買えない」と言う私に、母は「買いなさい」と指示。

生活にしても、「これからは安い店を探して買い物に歩くな」と言われた。何が贅沢で、何が倹約かを教えてくれたのである。

# 歌と私

母の郷里のおじさんが私の手相を見て、「将来は歌手だ」と言った。そんな事を言われた私は、現在、デイサービスやカラオケで、シャンソン（越路吹雪）や歌謡曲（美空ひばり）、民謡を歌うが、お風呂の中では、毎晩「マイウェイ」（岩谷時子／詩）が十八番。大きな声で五番まで歌い上げる。遊歩道に面した浴室なので、行き交う人は「また歌っている」と、楽しんでくれると思う。

父と母を結び付けた長唄。父は小僧時代、押入れの中で聞いた親方の娘さんが弾く三味線が原点だった。母は、育ての親・ハナおばあさんが、六歳の時習わせてくれたのが原点である。二人は、上野仲町通りで母が内弟子として入っていた師匠のところで出会っている。子ども時代につくられた感性が、その人の人生に大きく影響する。

二人の趣味が、二人を夫唱婦随の夫婦とし、六人の子を育てた。北川家の独自性により、家庭生活はその子どもたち個々の人生をつくりあげてきている。〝歌は世につれ、世は歌につれ〟と言うが……。久しぶりにおしゃべりした小学校の友人は、「敏ちゃんの両親は普通の親と違って異色だった」と語っていた。

父は、ワシントン靴店の出張仕事で大阪に行けばマヒナスターズのレコードを、四国では「南国土佐を後にして」と、仕事先で購入したレコードをお土産として、仕事道具の中に入れて帰って来た。

カラオケは、温泉旅行中家族で楽しむ。大宮に住居が移れば、東京から趣味の友人五、六人が集まって、母の手料理と三味線で大いに歌い楽しんだ。

私がロンドン滞在中は、父と母は三味線とゴザを持参し、各国の学生が集まるフラットでパーティーをした。ロンドンやアメリカの私の友人が、この大宮へ来ればイギリス国歌や「ロウロウロウユアボート」を父が歌い、相手国のお客を楽しませた。

現在、独り身の私は、デイサービスで美空ひばりの「哀愁波止場」や「悲しい酒』、石川さゆりの「天城越え」、越路吹雪のシャンソンを、また、母の好きだった市丸の「天竜下れば」などを十八番としている。かつて三橋美智也の「リンゴ村から」を聴き、ファンレターを出した小学六年生の私。これは親譲りなのだろう。

母と約二十年かかって集めた民謡の百曲くらいの中から、自分が得意とした歌（磯節、新相馬節、貝殻節など）を拾い、カラオケで歌い満喫する。若い頃、先生について真剣に練習したものは、何十年経っても歌えると実感して、嬉しかった。

ちなみに、私の発声法は、朝夕仏様の前で「般若心経」、その現代訳とお文（小学校担任だった先生の三回忌にいただいてきたもの）を声に出して唱えることをキープしながら、宮沢賢治の「雨ニモマケズ」の詩を二回繰り返し、ウソも効果ありと、口角を上げる〝ウソ笑い〟を実行している。

# 私の健康

中学三年の時、集団検診で清瀬にある結核療養のためのK学園へ一年ほど入った。それで中学生の期間が四年になったが……。

三十代後半に子宮を摘出し、そして十年前には乳ガンの凍結手術、四年前は膝関節で人工骨を入れたため二本のストックでの歩行……。それでも趣味(国立劇場三回出演の長唄、民謡、シャンソンや書道)と毎月の旅行、歌舞伎座での観劇、食事会、第九コンサート鑑賞と、活動的な毎日を送っている。

ここ十年くらいは、中学生のテスト前アドバイザーをやったりと年間三十数日の仕事がある。白内障にもならず、歯も二十本は自分の歯だ。若い時はコンタクトレンズを使用していたが、今は裸眼で針の穴に糸が通せるという目力。血圧が一時上がったのも原因が分かった。九十歳の人からラブレターをもらったから……。そんな診療相談をしてくれる医師も、かつての私の生徒である。

ただ最近、頭の方は物忘れと身動きの悪さ、妹がニュージーランド行きの際持たせてくれたスマートフォンも使いこなせず、それらもつい安易に走る性格。これも年のせいだろうか……。今年はお正月に予定していた奥多摩旅行をドタキャンした。謹賀新年も貼らず、父が大好きだったお酒も仏前に上げずじまいだった。二月に仮契約したピースボートの船旅も、便失禁の症状で諦めざるを得なかった。

週二回のデイサービスへ行く。利用者も多く、カートを押す人、車椅子の人なども来るが、送迎があるので私はこれを使っている。一日三〜四時間、ニューステップ、トレッドバイク、赤い紐と、計一時間の運動。また、口腔体操やカラオケなど、施設長やスタッフのリードも心があり、私は大満足である。このシステムが生まれたのは二十年前（現在特養で百歳を迎えた人もいる）。有難いし、人生百年時代が訪れるのもすぐだろう。

三十年前、百歳の人は三万人だったのが、今は三十万人とか。近所のM子さんという友人は現在九十二歳、ご主人は九十九歳で特養にいる。

# 私の姉妹

私は四人姉妹。同じ敷地に住む姉は八十四歳。五年前連れ合いを亡くした。しばらく夫の事業を継いでいたが、息子の代に替わり、娘二人と息子が姉の自立を支えている。

七十八歳になる次妹は千葉県に住み、息子と娘がいる。子どもたちは独身だが自立しており、妹は自分のゴールデン・タイムを謳歌している。夫の病で八年間も介護の日々を過ごすも、三月にその三回忌を行った。

七十四歳の一番末の妹だけ夫が健在である。私はこの妹との関係が一番深い。私は結婚当初、国道1号のすぐ裏に三年間住んだが、それは品川での妹の結婚と重なっている。私が離婚してロンドンへ行く時も空港まで送ってくれた。私の留学中、末の妹は父母との交流も頻繁で、私が帰国すると品川に英語教室をつくってくれた。父は母と喧嘩して家を飛び出す時、決まって「品川に行く」と言う。それは末の娘の所に行くという意味だ。このように末の妹とその連れ合いは、身内の誰の面倒でも我を忘れてみる夫婦で、未だに動きっぱなしだ。

四姉妹がそろって平均八十歳まで元気でいることに〝奇跡〟と言う言葉を発したのは、この妹。今、その言葉を噛みしめ、四人姉妹の健康の有難みを感じている。

この奇跡を意識し始め、二年前から四人で旅行、忘年会、長唄の会（五島美術館）などへ行く。特に嬉しいのは、彼女たちが三味線の練習で大宮へ来た時は、四人で母が仕込んでいった曲（十数曲になるが）をおさらいする。四人の娘たちへの母の教えは、ここまでやってくれたと思うと、嬉しい限りである。

また、妹たちは、私の日常生活の手助けをしてくれる。私の長唄の稽古や奥多摩への旅行にも付き合い、サポートしてくれる。時には、私の快適な生活のため、大工さんのように台所の照明を替えたり、床にホットカーペットを敷いてくれたりする。夫の転勤であまり接点がなかった次妹も、母の入院時は病院へ通算二百五十回も見舞いに来た。母が逝った後も、私の独り生活を気遣ってくれる。

2022年の四姉妹。合計で320歳になった。

## 生きる覚悟

若かりし頃の私は、がむしゃらで怖いもの知らずであった。

留学のために単身ロンドンへ渡り、入国時のヒースロー空港では十時間の監禁状態を体験したし、ユダヤ人の家庭で厳しい戒律の中の生活も経験した。アメリカ横断の旅では、テキサスで身ぐるみはがされた日本人観光客を目撃した。ニューヨークのユースホステルのシャワールームの独特な雰囲気に衝撃を受けたり、カナダのトロントでは宿泊代節約のため、いろいろな国の人とのルームシェアを体験するなど、がむしゃらな性格と若さが成したこととは言え、両親の心配はいかばかりであったか。

母とは八十年余りを過ごしたが、叱られたことは一度もなかった。母は、私の行動を黙って見ていて、その立ち居振る舞いや行動で静かに諭してくれた。

「フーさん（母のこと）は偉いネ」

と母に言うと、

「敏ちゃんがいるからよ」

と、私の存在が有難いという接し方だった。

今、自分が八十を過ぎ、動きが遅くなったり、忘れっぽくなったり、イライラしたり、せっかちになったりするたびに、母を思い出す。そう言えば、母は年を重ねていたのに、おだやかで一度もイライラを見せなかった。

自分はまだ母の年齢まで至っていないのに、気持ちが沈んで歩くことを躊躇したり、行動を制限するたびに、母との竹富島旅行（当時母九十歳）を思い出し、これでいいのかと自問自答する。その母も九十七歳まで生きてくれた。死の間際には、「もう、くたびれた。死にたい」と呟いたことがある。

十年前にその母を亡くし、「誰でも独りになるんだよ」と妹に励まされて、独り身で過ごす覚悟を決めた。

# 父母の思い出

母は動けなくなるまで、毎月の歌舞伎鑑賞を実行し、余生を考慮して心身の健やかさを保ち人生を満喫していた。だが、五年間入退院を繰り返すうち、九十七歳の二月二十三日、私の名前を呼びながらあの世へ旅立った。

病室のカレンダーを指差しながら、「今年いっぱいだ」と呟いた父を、父も八十六歳の十二月二十一日、私と末妹が枕元で見送った。

父も母も幼少期には片親と死別。父は奉公に出て、母は三味線の内弟子をして生きてきた。弟の手を引き、おむすびをもらって歩いたという母。親方を父親代わりに思い、職業を身に付けた父。その二人の出会いはなんと幸運だったのか。科学で証明されるにふさわしい幸福度だった。

母のすごさは、常に前向きでバイタリティーにあふれていたこと。八十四歳の時、妹の婿が母のために買ってきた車椅子を「あんた、使いなさい！」と言って、自分では使わなかった。銀座のデパートで店員さんが「お母さん、お幾つ？」と聞くと、「六十八歳よ！」と実年齢の八十六を逆に言って笑わせた。父が亡くなる年、母の進言で満期になっていた銀行のお金が子どもたちに平等に分け与えられた。

私が離婚して家に戻った時、〝出戻り〟ではなく「出直しの娘です」と私を紹介した父。自分は五十五歳で大宮へ住居を移したため、母は湯島と大宮の二重生活だった。父は明治末の生まれだが、典型的な明治の堅物男で、常に母に自分の元で過ごすことを要求した。「昼メシは十二時だ！」でなければならないし、朝食は味噌汁、夕食はすまし汁と決まっていた。母を外出させたくなく、母の小唄の稽古上がりも「出かけてはダメ」と釘を刺していた。父を一人にしないために、「私が湯島から出向いて、お母さんの代わりをするわよ」と言っても、母でなければ駄目だったし、母も父に追従した。

父母は〝金魚のフン〟と言われるほど、いつでもどこでも一緒だった。旅行ももちろん、団体旅行を年に三回くらい、私も大体同行させられた。しかし宴会などでは、母の破天荒な行動も是認する父だった。大宮へ移ってからも、東京から趣味の合った同士が集まると、大盤振る舞いで歓待する母。私はといえば、料理の材料を仕入れにスーパーまで自転車を飛ばす、母の良き助手でもあった。

私が幼い頃、父母はよく戦争の話をしてくれた。父に「赤紙」が来て、髪を剃り兵隊服に身を整えて、横須賀の連隊へ入隊した。だが、運よく戦地には行かずに済んだ。入隊したその年、それも天神様の縁日の十二月二十一日に家に帰されたという。父の意外な帰宅に、母はお化けだと思ったそうだ。母は町会の仕事をしていて、その町会長が父の上官で、気を遣ってくれたらしい。聞くところによると、〝痔〟という病で除隊になったとか。行進の際、靴の中に血が流れ、それで兵役を逃れたのだそうだ。

家族で防空壕に逃げ込むうち、私と祖母が離れ離れになった。父は翌日、「北川つが！敏子！」と、名前を大声で叫びながら探し続け、やっと祖母と私を見つけたのだと言う。

後年、その有様を、私の英語教室で子どもたちに話して聞かせた。子どもたちは真剣に私の話を聞いていた。

# 私の今

私のこの年齢へのあがきを、四年前、リハビリセンターで出会ったN代さんが身をもって払拭してくれた。彼女は九十歳近いのに、私に栗おこわやきんぴらを作って届けてくれる元気な人だ。ベッドをまた買ったというので、そのベッドをどう使っているのかと思ったら、着替えた衣類をポンポンと置いているのだそうだ。重ね着をするにしても、手がすぐ届く所に何でも置いておきたい便利生活を体現している。

そして、大正生まれで今年百歳のS子さん。介護システムをつくった人で、五年ほど前にお会いした。今は特養で暮らし、私に七宝焼のアクセサリーを手作りしてくれた。お礼の手紙を書くと、その方の手紙、「額に入れておきたいほど素晴らしい手紙だった」と言ってくれた。

母がリンパ腫を克服した九十歳の時、沖縄へ旅行した。その後、元気に九十七歳まで生きてくれた。目が覚めると、母を思い出す。そして思う「私はまだ八十二歳ではないか」と。

布団の押し入れへの出し入れは大変だから母にベッドを勧めると、「体を動かす、この運動は大切よ」と諭された。

小学校時代の友人と、十年ぶりでおしゃべりした。

「敏ちゃんのお父さんお母さんは粋で明るくて、ほかの両親と違ってたもんネ」

母没後十年、私は元気で忙しく歩き回っている。四年前、膝関節の手術をしたものの、二本の杖で旅行もしている。

まだまだあがいてなんかいられない。

「もういいかい？」

「まあだだよ！」

で、これからの人生を送っていきたい。

# あとがき

〝十億人の人に十億の母あるも、我が母に勝る母ありなんや〟というある僧侶の言葉を思い出す。まさにその言葉通りだと感じて生きてきた私。脱稿の締め切りを知り、まだ間に合うと筆を進めている。まだまだ浮かんでくる幸せの証、母が存命中にＰＣの前で母を語り、〝一卵性母娘〟を自負し、また、父に関しては、父の写真を「これが私の夫です」と、友人に紹介して歩いた私。

〝結婚は人生、一度はするのがいい〟と言われて、見合い結婚。その後の人生は、生涯を通し批判を受けることはなく、思い遣りを受けながら、自由奔放に人生を送った。

夏の父のステテコ、甚平姿、母の割烹着、外出時の二人の和服姿……。

父が胃潰瘍から生還した時の家族八人の歓喜の写真。片や母がリンパ腫発症時、同時に発生した金銭問題。主治医を巻き込み、その先生の「余命一年」という言葉が、逆に母を勇気づけ、惑わされずに寿命を八年も延ばした偉大な母。

日常では母の三味線の芸が、私たち四姉妹のこの奇跡をつくっている。

母が亡くなる寸前、「敏ちゃん！」と、はっきり別れの言葉をくれた。

私の死の寸前は、誰に何と言うであろうか、と考える。多分、「皆様、ありがとう」と言って死んでいけると思うし、そう願っている現在である。

令和六年　六月十七日　　　　　　　　　　敏子

**著者プロフィール**

**北川 敏子**（きたがわ としこ）

昭和16年、東京・湯島生まれ。
現在、埼玉県在住。



**もういいかい まあだだよ** —父、母、そして私—

2025年1月15日　初版第1刷発行

著　者　北川 敏子
発行者　瓜谷 綱延
発行所　株式会社文芸社
〒160-0022 東京都新宿区新宿1－10－1
電話 03-5369-3060（代表）
03-5369-2299（販売）

印刷所　株式会社フクイン





ISBN978-4-286-24260-6